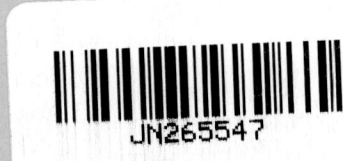

昭和がお手本
衣食住

―捨てない贅沢3

アズマカナコ

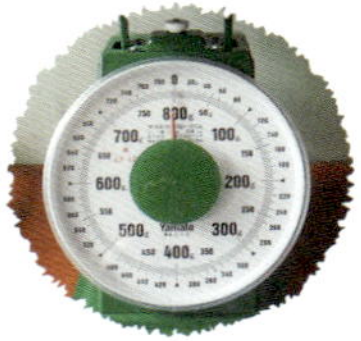

昭和がお手本
衣食住
ー捨てない贅沢3

もくじ

エネルギーを大切にする生活 1

2 身のまわりのものを大切にする生活

3 食べものを大切にする生活

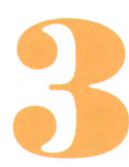

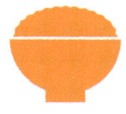

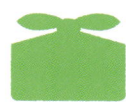

はじめに

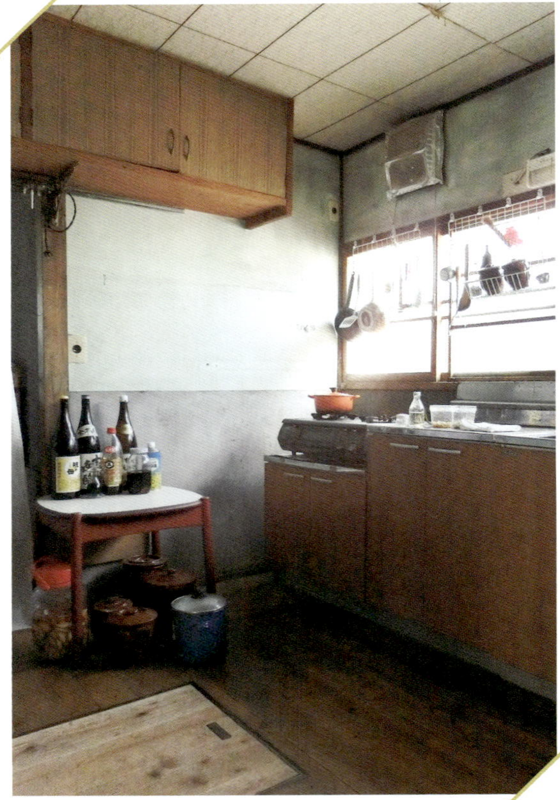

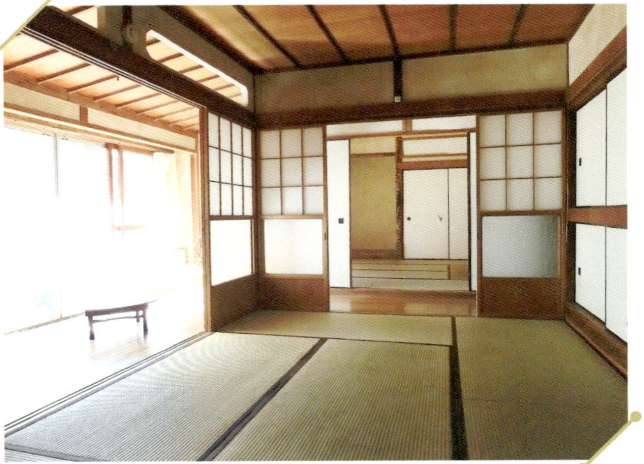

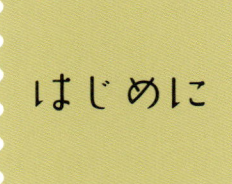

冷蔵庫も洗濯機も持たずに暮らしていると言うと、田舎で自給自足でもしているのかと思われたりします。でも我が家は、東京郊外の住宅地に住む、ごく普通のサラリーマン家庭です。住まいも築60年の日本家屋を購入しましたが、古民家というほど古くもありません。以前は、田舎暮らしや古民家に憧れもありましたが、今はこのくらいの暮らしが自分にはちょうどいい、と思っています。

ものやエネルギーも、まったく使わないわけではありません。必要な分は使うけれど、それ以上はいらない。多少は便利なものの力も借りるけれど、そんなに便利すぎなくてもいい。自分でできるものは、できるだけ自分の手で行いたい。私の理想は、昭和30年ごろの暮らし。それをイメージしながら生活をしています。

私の普段の一日は、朝起きたら家族の朝食と昼の弁当作り。朝食後に家族を送り出した後ウコッケイを庭に放して、洗濯と掃除。晴れた日は、布団干しや日向水。ついでにソーラーランタンも日光浴。その後は、日が差し込む縁側にちゃぶ台を出して、ラジオを聴きながら昼まで仕事をします。お昼にお弁当を食べて、新聞タイム。午後は、仕事の続きや人と会ったり、勉強をしたり、手紙を書いたり、その時々で必要な用事を済ませます。2、3日に1回、雨水タンクから水汲み。ウコッケイを室内の小屋に戻してから、夕方、子どものお迎え。そのついでに通り道で買い物を済ませます。帰宅後、夕食を作り、明るいうちに子どもたちをお風呂に入れて、早めに夕食。暗くなってきたころ、ソーラーランタンの明かりで絵本や童話を読み聞かせて、子どもたちは19時前後には就寝。その後、夫が帰宅してから今度は大人たちが夕食、お風呂。夜は、パソコンのメールチェックをしたり、原稿を送ったり、家計簿を書いたり、翌朝の食事の下ごしらえ、あとは読書や編み物など。だいたいこんな感じです。保存食作りや平日にやり残した家事は、週末にまとめて行います。

こんな私の暮らし方や身のまわりのものを、イラストとともにご紹介したいと思います。

1

エネルギーを大切にする生活

電気も、水も、燃料も、無限にあるわけではありません。
例えば、水道を使う量が減れば水を運搬するエネルギーも、
上下水道の処理に使うエネルギーや薬品の量も減らせるはず。
石油やガソリンを使う量が減れば、二酸化炭素や排気ガスも減らせるはず。
エネルギーを大切に使うことは、苦しい生活をすることではありません。
工夫して少ないエネルギーで快適に暮らすことだと、私は思っています。

アンペアダウン

2012年の電気料金

1月	21kwh	600円
2月	17kwh	527円
3月	18kwh	547円
4月	16kwh	512円
5月	18kwh	549円
6月	14kwh	478円
7月	13kwh	463円
8月	13kwh	469円
9月	15kwh	512円
10月	15kwh	512円
11月	17kwh	549円
12月	16kwh	527円

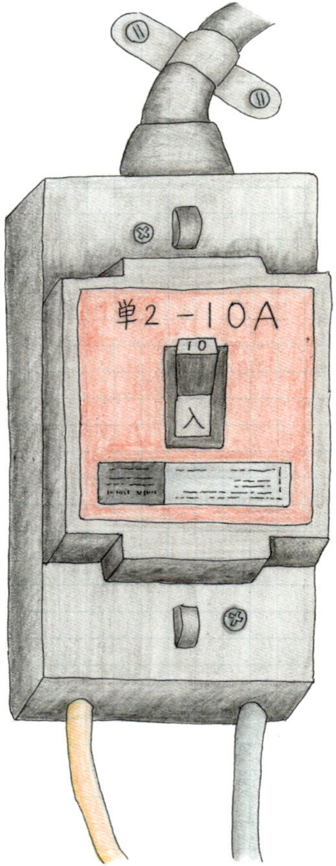

2003年、就職と同時に始めた一人暮らし。当時の年収は200万円台。将来のために貯金もしたい。すぐできる方法は何だろう。省エネと節約を兼ねてまず行ったのが、電気契約のアンペアダウンでした。

一人暮らしだし、日中は仕事で家にいる時間も短い。それなら、基本料金が一番安い最低の契約で暮らしてみよう。

工事に来た人からは「10Aでは照明以外何もつかないよ」と脅されましたが、結局3年間でブレーカーが落ちたのは2回だけ。そのとき思ったのは、「10Aでも意外に使えるんだ」。

電力会社のしおりの目安によると、アイロンは「14A」。理論上は使えません。でも驚いたことに、10A契約の我が家で使えました。同時に照明もついていたのに。

後でわかったのは、製品の種類や使い方によっても、消費電力は違ってくるということ。目安はその最大値で書かれていたようです。この経験は、情報はうのみにしてはいけない、まず自分で実際に確かめて判断しよう、と考えるきっかけになりました。

アンペアダウンは、基本料金が下がること以上にブレーカーが落ちないようにという心理が働くことにも気づきました。結婚後、省エネ意識のなかった夫も、10Aにしてからブレーカーが落ちるのを恐れてつけっぱなしが激減。使っていないコンセントも抜くようになり、思わぬ副次効果があったのでした。

契約アンペア一覧 （東京電力の場合）

契約アンペア	10	15	20	30	40	50	60
基本料金(円)	273	409.5	546	819	1,092	1,365	1.638
アンペアブレーカーの色							

そうじ

卵の殻の研磨剤

洗って乾かした卵の殻をすり鉢で細かくすりつぶします。ふきんやスポンジにつけて、鍋のこげつきやガステーブルの汚れなどを落とすのに使っています。

米のとぎ汁にぞうきんをひたして床や柱、家具などをふきます。汚れが落ちて、表面に自然なつやが出ます。

米のとぎ汁ワックス

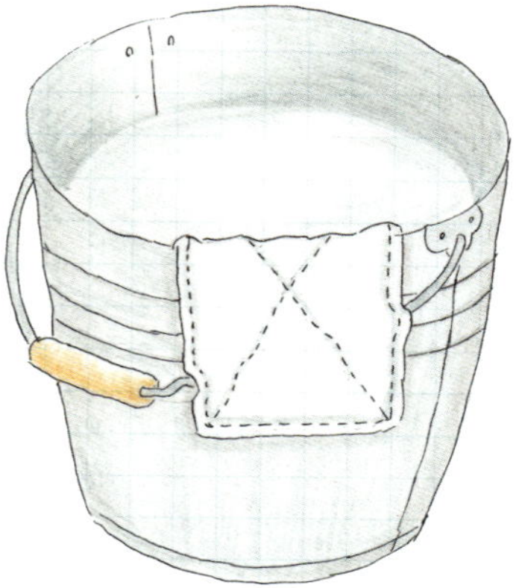

よく取材で家に来る人から、「キレイ好きですね」とか「マメですね」と言われます。でも本当は、そうじも片付けも苦手な方。できれば、時間も手間もかけたくない。けれど家にいる時間が長く人が来る機会も多いので、避けては通れません。

何か良い方法はないかな、と私が考えたのは「ものを持たない」「ものを置かない」という２つのルールでした。そもそも、持ち物が少ないほど片付けに要する手間も時間も少なくて済みます。収納する場所が少しで済んで、片付けも楽。ものを置かなければ部屋もすっきりするし、そうじもしやすい。

例えば、洗剤１つでも台所用、洗濯用、そうじ用、トイレ用、お風呂用…とたくさんの種類があります。でも、我が家の洗剤は固形石鹸と重曹だけ。これを使い回せば、食器も衣類もお風呂も、すべてきれいになります。在庫の管理も買い物も楽になりました。

さらに、米のとぎ汁や卵の殻、お茶の出しがらなど、普段捨ててしまうものを上手に利用すれば、洗剤代わりにもなるんです。持たないことで、あるもので間に合わせる工夫も身についていきます。

この２つのルールを実行してからは家の中がすっきりとして、ものがないことの快適さを実感。そうじや片付けもあまり苦にならなくなりました。

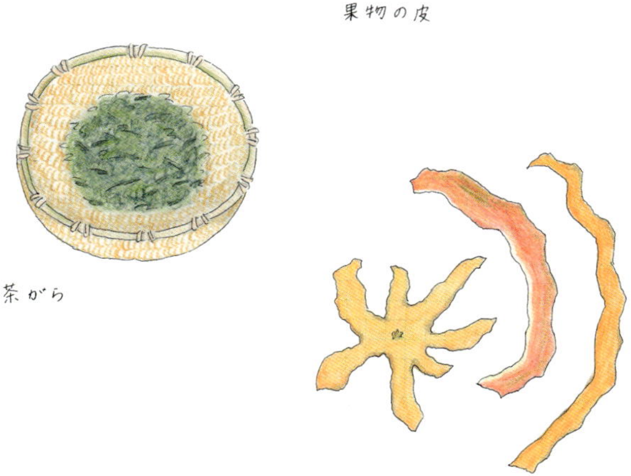

そうじの道具

室内のそうじに使う座敷ぼうきの他、
玄関などで使う土間ぼうきと、
庭や家の外を掃く庭ぼうきを
使っています。

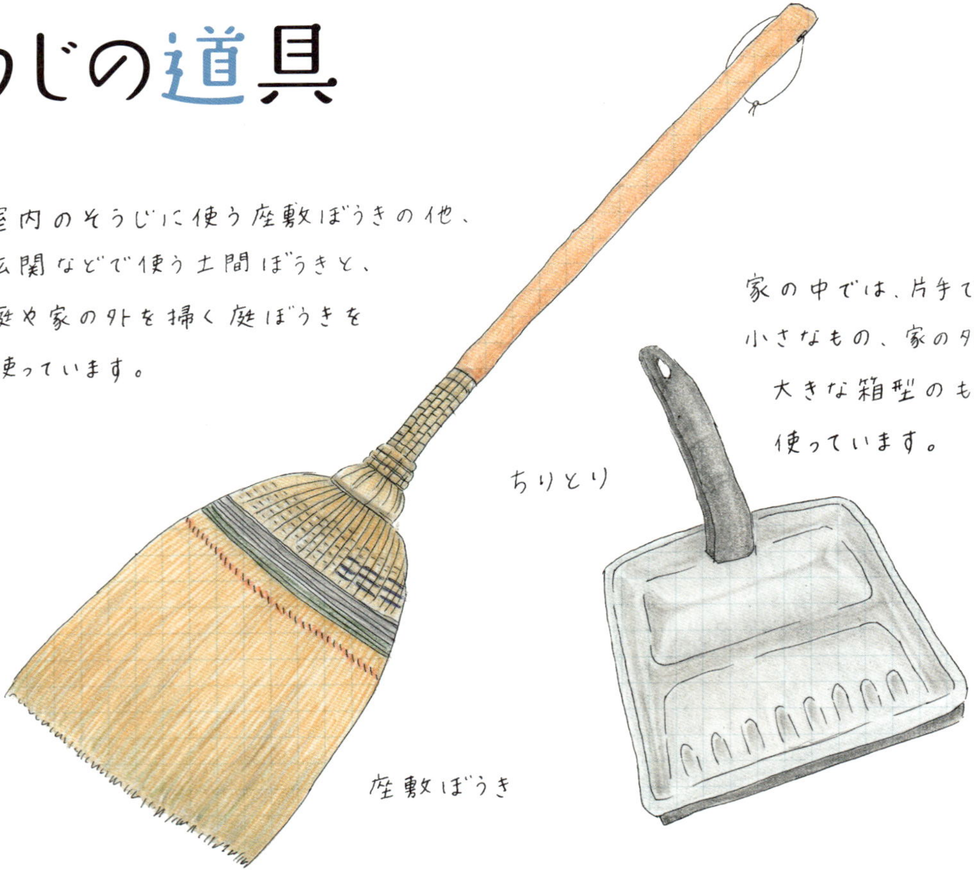

座敷ぼうき

家の中では、片手で持てる
小さなもの、家の外では
大きな箱型のものを
使っています。

ちりとり

我が家のそうじ道具は、ほうき、はたき、ぞうきん、それからちりとり。

娘がまだ2歳すぎのころ、それらの道具でそうじをする様子に興味深々。そこで、私がそうじをする間小さなほうきやぞうきんを渡して使わせてみることにしました。すると娘は、見よう見まねでそれらしい動きをしています。といっても、ごみを集めるよりもまき散らしているだけでしたが。

そこで思いついたのが、ぞうきん競争。遊びの延長で、ついでにそうじができてしまえば一石二鳥と思ったからでした。これが成功。最初は少しの間一緒にやりますが、熱中し始めたら後はもう、私は「よーい、どん」と言うだけ。その後に生まれた下の子も参加するようになり、「競争」は本格化しました。子どもは遊びながら自然に足腰が鍛えられます。

コツは、ほめること。一緒にやるときにわざと負けたり、「早いねー」「上手だねー」と大げさにほめてあげたりして、本人をやる気にさせることができればこっちのもの。もう終わりにしようと言っても、止まらなくなるくらい熱中することも。

小学生になった今、さすがにもうこの手には乗らなくなりましたが、ほうきやぞうきんの扱いはお手のものです。休日には一緒に手伝ってくれるので、貴重な労働力となりました。

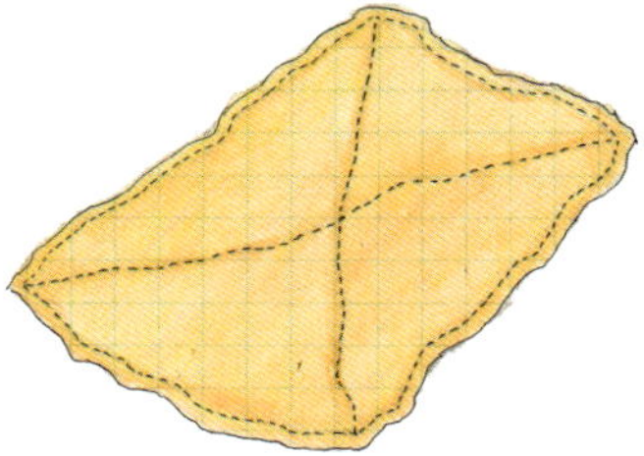

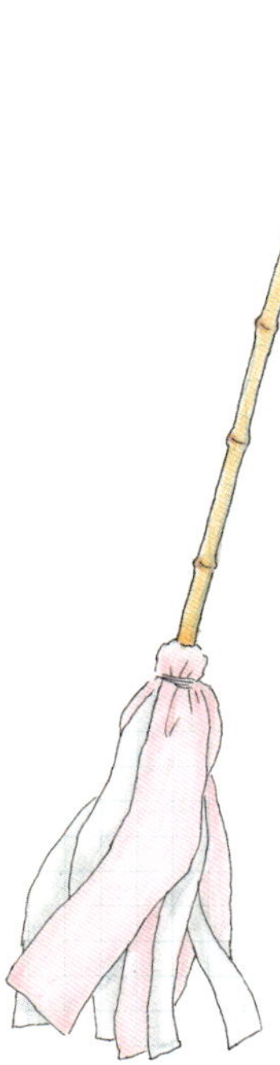

自転車

2人目の子が生まれたときに、3人乗りの電動自転車を購入しました。

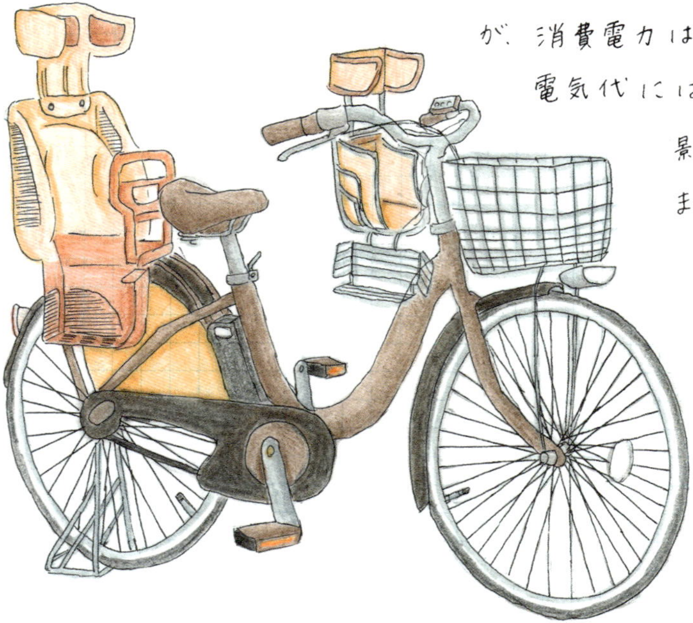

坂道の多い土地に住んでいるので、少しだけ電気の力を借ります。週に1～2回充電しますが、消費電力は少なくて電気代にはあまり影響がありません。

私は車の免許を持っていません。就職活動に有利とか、田舎暮らしをするなら必要とか、子どもが生まれたら便利とか、周囲の人からさんざん勧められましたが、今まで頑なに取らずにきました。だから住む場所を決めるときは、車を持たずに生活できることを基準に選んできました。そんな我が家の重要な移動手段は、自転車です。

上の子が幼児園に入園したころから、片道約 2km の道のりを自転車に子どもを乗せて送り迎えしています。

毎日２往復で 8km。よく「大変でしょう？」と言われるけれど、良いこともたくさんあるのです。毎日同じ時間に同じ道を通っていると、よく会う人がいます。はじめはあいさつ程度でも、何度も顔を合わせるうちに、少しずつ会話をするようになっていきます。

そのうちに、畑のおじさんが採れたての野菜をくれたり、おばあちゃんが子どもに袋を縫ってくれたり、昭和の暮らしの知恵も教えてもらえるようになりました。また、自転車を走らせていると、よく、ふっとアイデアが降りてきます。目に飛び込んでくる景色や聞こえてくる音などに刺激されるのか、考えごとには自転車の速度がちょうどよいのかもしれません。

普段、家で１人で過ごす時間が長い私にとって、毎日の通園の時間は人や外の景色に出会える貴重な時間になっています。

一人乗り自転車

テレビを押し入れに

我が家のテレビは13インチの小型タイプ。
小さい方が軽く、場所も取らず、
消費電力も少なくて済みます。

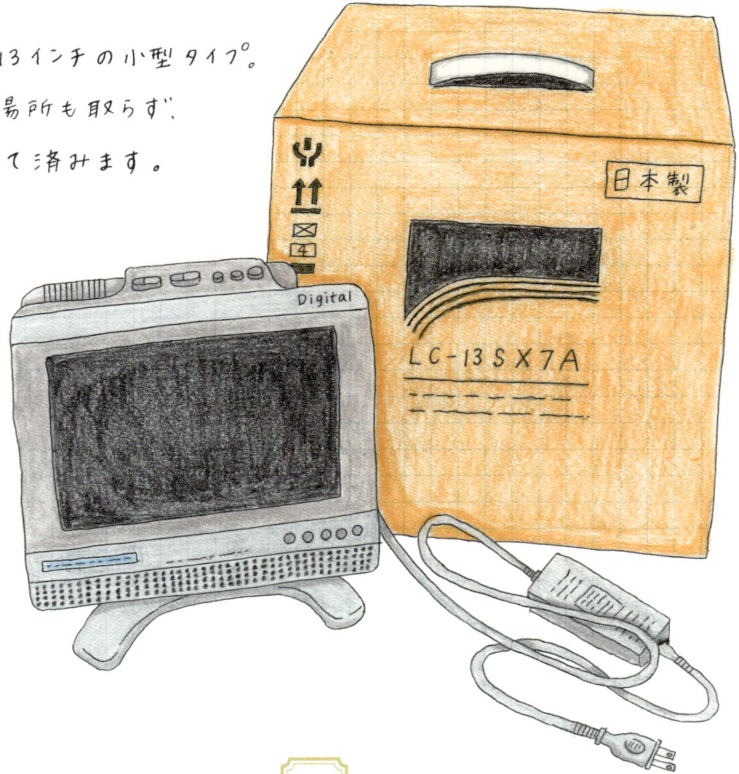

出したりしまったり
というひと手間が
あるだけで、家族も
本当に観たいもの
だけを観るように
なりました。

収納することで
その分部屋も
広く使えます。

我が家のテレビは、部屋に置いてありません。結婚して夫と暮らし始めたとき、私はいつもテレビがついている状況にどうしても慣れず、意を決して夫と話し合うことにしました。当時はちょうど間もなく地デジに切り替わり、テレビの買い替えが必要になるという、絶好のタイミングでした。夫も「好きな番組が観られれば小さくてもいい」と納得してくれて、小型のテレビを購入しました。それ以来、普段は箱に入れて押し入れにしまい、観たいときだけ出すというスタイルになりました。子どもに対してもテレビを観せずに育てたいと思い、アニメや教育番組もほとんど観せずに過ごしてきました。

だけど、1つだけこれだけは観てもいいと決めているものがあります。

それは、スポーツ番組。私は昔から野球やマラソンなどを観戦するのが好きで、この点に関しては普段好みの違う夫とも珍しく一致しています。だから年に数回、昼間に放送する大学駅伝や高校野球中継のときには、家族で一緒に楽しんでいます。

私がスポーツ番組を好きな理由は、1つのことに打ち込んでいる人、並外れた練習や努力をしている人を見ることができるから。魂のこもった気迫の勝負を見ていると、自分ももっとがんばろうと気合いが入ります。子どもたちにも目標に向かって努力することの大切さが伝わればいいなと思います。

普段はテレビの代わりに
ラジオを聴いています。

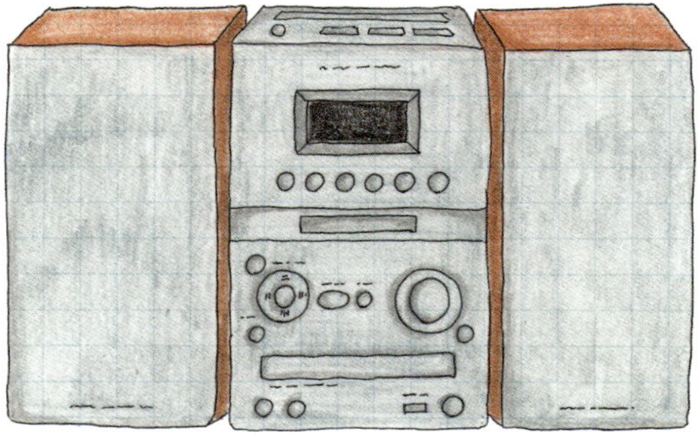

食器を洗う

米のとぎ汁があるときは、
とぎ汁で油汚れを落とすことも。

たらいに水をためて、食器を
洗います。油汚れはボロ布
などで落とした後、灰や
米ぬかを洗剤
代わりに使って
落とします。
最後のすすぎの
ときだけ、水を
流します。

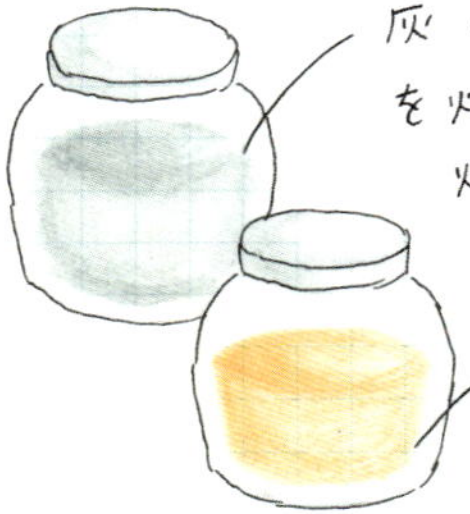
灰（こたつで木炭を燃やした後の燃えカス）
米ぬか（玄米を精米した後に出たもの）

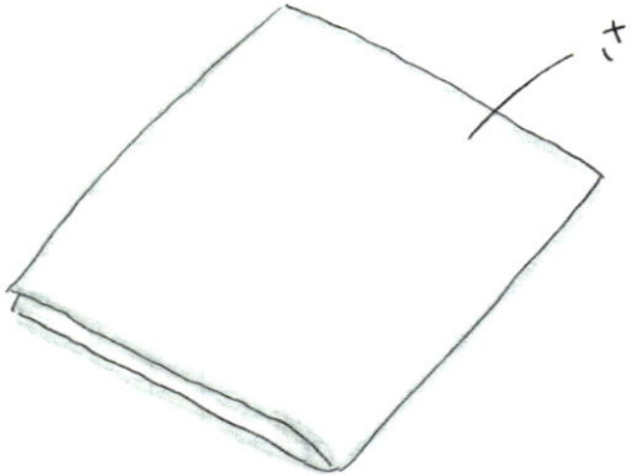
さらしの布

油を使う料理が少ないので、
お湯や洗剤を使わなくても
充分きれいになります。

大学で入ったサークルは「自然保護同好会」。週末になるとごみ拾いをしながら山登りをしたり、テントや寝袋を持ってキャンプをしていました。それは人生で初めての、電気も水道も何もない環境で過ごすという経験でもありました。

水は、近くの水場から汲んできて使います。一度にたくさんは運べません。また、日が落ちた後は汲みにいくことができません。こうして汲んできた貴重な水、限られた水をどう使うか考えます。

まず一番重要なのは、飲み水と食事作り。あとは、残った水でやりくりをします。さて、食事が済んだ後、食器はどうするか。もちろん水で洗えません。

まず前提として、使う食器の数は少なくします。1枚の食器でご飯もおかずも間に合わせます。食べ終えた後は、スプーン1杯程度のわずかな水をたらして、ちり紙でふくだけ。（その紙は、後で焚き火の燃料にします）

もしパンがあれば、最後に残しておきます。そして、食器についた汁や油をぬぐって食べてしまえば水はいりません。

紙もパンもない場合は、直接食器をなめてきれいにすることも。お行儀が悪いと言われそうですが、水のない状況でこうするのは自然なことなのです。

この経験が、水を大切に使おうと思うきっかけになりました。

子どものころ、祖父母は食事後
必ず、茶碗に緑茶を注いで
飲むのが習
慣でした。

ソーラーランタン

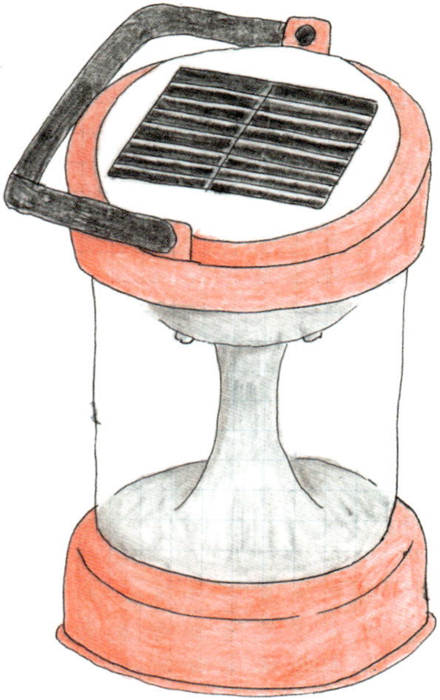

1か月にどのくらいランタン以外の
照明を使っているか、記録をつけて
みました。
2013年の9月分、我が家の照明使用
時間の合計は、9365分。
1日あたり312分（6時間12分）でした。

学生のころ、キャンプや登山をして、照明のない環境で夜を過ごす経験をしました。その時に、ランタンという照明器具の存在を知りました。

「照明が１つしかなかったら、移動させて使えばいいんだ」それは、今までの自分にはなかった発想でした。

その後、普段家の中でもそんなにたくさんの照明は必要ないのではと思い、使う頻度の少ない照明は外してしまうことにしました。現在我が家の照明は、居間、台所、風呂場の３ヵ所だけ。夜、他の場所に移動するときは、このランタンを使用しています。

知り合いの70代の方も、子どものころは家の照明は電球１つしかなく、コードを長くのばして移動させながら使ったそうです。当時、電気は毎日夕方に電気屋さんが電柱のスイッチを入れに来るまでは使えなかったのだそう。そのころと比べたら、我が家の照明はこれでも充分すぎるくらいです。

雨水をためる

庭に320L入るタンクを置いて、
雨水をためています。

雨水は、庭の植物の
水やりやウコッケイと
メダカの水、ポリタンク
に移して運びトイレを
流す水に使っています。

我が家の水道料金は
2か月で2,814円。
2か月の使用量が$10m^3$を
超えないので、
基本料金しか
かかりません。

先日、児童文学作家の漆原智良さんとお会いする機会がありました。漆原さんは大学卒業後の昭和36年、東京の八丈小島（現在は無人島）に公立学校教諭として赴任しました。

そこは、なんと電気も水道もない島。ドラム缶にためた雨水で生活をしたそうです。夏、しばらく雨が降らないと水不足に。そうすると、島の共同タンクから水が配給されます。配給は1人1斗5升（約27ℓ）。これで1日を暮らさなくてはなりません。飲み水、調理、食器洗い、洗濯、そうじ、髪や体を洗うのも全部この中から。現代の生活で、これだけの水で間に合わせるのは大変なことです。

災害が起きたり、異常気象で日本や世界中が水不足になれば、私たちにもこのようなことが起こる可能性だってあるでしょう。普段から水の使い方を意識して暮らしていれば、いざというときにも慌てずに済むはずです。

・漆原智良『黒潮の瞳とともに』（たま出版　1995年）
他に著作多数

我が家は、雨水や洗濯・食器洗いに使った水をトイレに利用するようにしてから水道の使用量が大幅に減りました。昨年1年間の使用量は、36㎥。

36㎥＝36000ℓを日割りすると、1日あたりは98.6ℓ。4人家族なので、1人1日24.6ℓで生活できました。

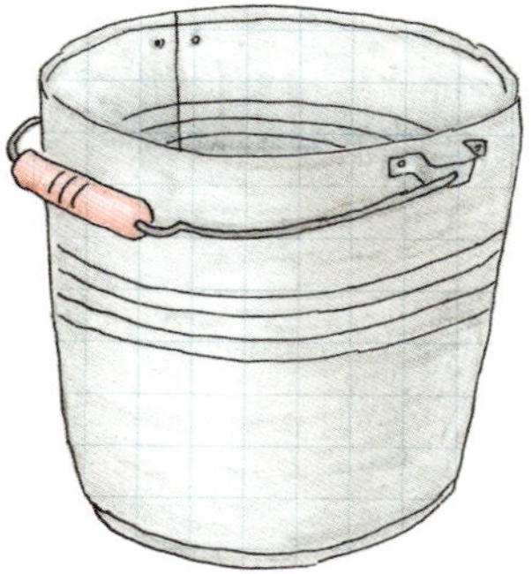

トイレの工夫

ポリタンクに移した
雨水やお風呂の残り
湯で水を流します。

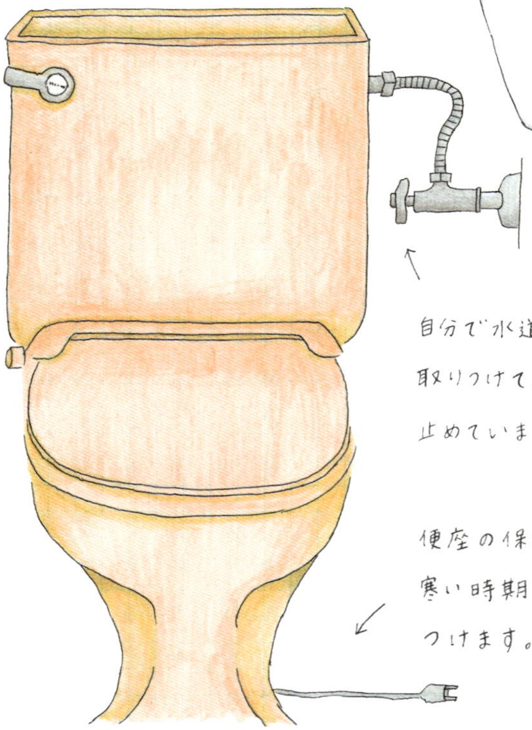

貯水タンクのふたを開けて
上から水を入れます。

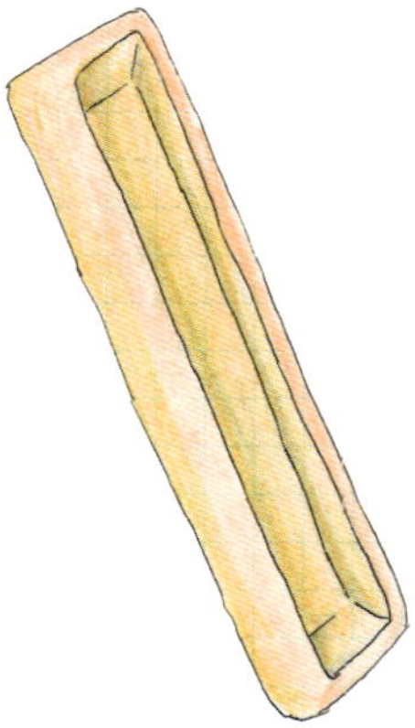

自分で水道の栓を
取りつけて、水を出したり
止めています。

便座の保温はせず、
寒い時期は便座カバーを
つけます。

洗濯機を使わずに手洗いで洗濯をするようになり、タンクにためた雨水を水洗トイレに流し始めてからは、水道の使用量は1/5ほどに激減しました。

何ヵ月か経ったころ、水道局から電話がかかってきました。なんと、水道使用量のあまりの少なさに、メーターの故障を疑われたのです。「こういう理由で使用量が減ったんです」と事情を説明しても、信じてもらえません。

家族の人数や家を空けることが多いかなど聞かれて答えると、相手はこんな量で生活できるはずがないと判断。後日、メーターが壊れていないか点検に来ることに。そして、水道局の人が実際に水を流し、メーターが正常に動くことを確認して、ようやく疑いは晴れたのでした。

何でこんなに少ないんだろう、子どももいてこんなに少ない使用量は見たことがないと、首をかしげていましたが。

ロール紙よりも、子どもに使う量を教えやすくて、使いすぎを防ぐことができます。

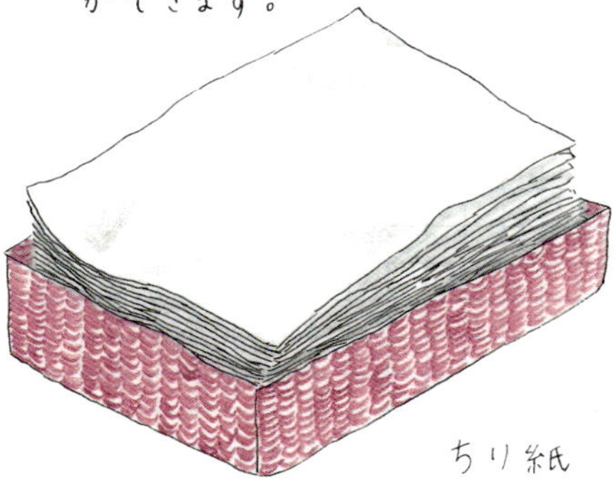

お風呂の工夫

娘は、6歳のときから
この方法で自分で洗って
います。

石けん水の代わりに
米のとぎ汁を
使うことも。

まず洗面器のお湯に石けんを溶かして、髪を浸して洗います。
次にそのお湯にタオルを浸して、全身を洗います。
お湯を替えて、同様に髪や全身についた石けんを洗い流します。
もう一度 お湯を替えて、（お酢を少々加えるとリンス代わりに）
すすぎをすれば 完了です。

我が家の風呂場には、シャワーがありません。浴槽にためた水をガス風呂釜で温めて、そのお湯で髪や体を洗います。

夫が休みの日は、家族は続けて入浴するので無駄がないですが、仕事がある日は、明るいうちに子どもたちを先に入れると夫が帰宅するまでしばらく間があいてしまうので、沸かし直さなくてはいけません。

以前、知人から「明治生まれの親は、たらい１杯のお湯で全身を洗っていた」という話を聞き、これだけの量で洗えるんだと驚きました。その話を聞いてから、寒い時期を除いて、子どもたちはやかんに沸かしたお湯を使って体を洗うようになりました。やかんのお湯はたらいに入れて、水を足してちょうどよい温度にします。そこで、まず顔、次に髪を洗い、その後タオルを浸して全身をふき、最後にたらいのお湯を体にかけ流します。こうすると、１人たらい１杯のお湯で洗えます。

私も試してみましたが、石鹸やボディソープなどを使わずにお湯だけで洗えば、大人でもたらい１杯で済むことがわかりました。

現代人は体を洗いすぎるとも聞きます。日常生活の汚れなら、お湯だけでも充分落ちます。毎日は無理でも時々は石鹸などを使わない日を設ければ、水の量も燃料も節約できるはずです。

メダカを飼う

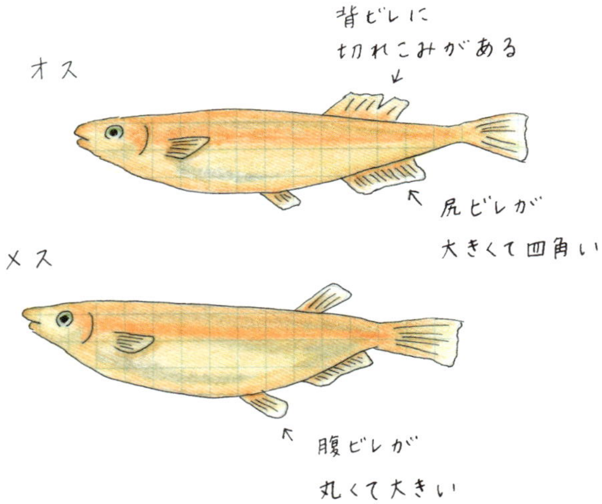
背ビレに
切れこみがある
オス
尻ビレが
大きくて四角い
メス
腹ビレが
丸くて大きい

春～夏になると、鉢の中の水草に
卵が産みつけられています。
親メダカに食べられてしまうことが
あるので、別の容器に卵を移して
います。

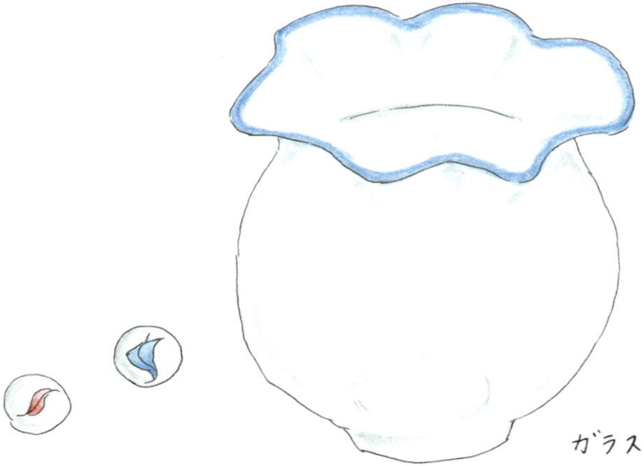
ガラス製の
金魚鉢

実家の隣にある祖母の家の庭には、大きな水がめと陶器の火鉢が置いてあります。私が物心ついたころには、その中でメダカを飼っていました。メダカたちは毎年卵を産んで、30年近くたった今でも途切れることなく命をつないでいます。

都心でも庭に少しの植物や水場があるだけで、そこにトンボやチョウ、鳥などの生き物がやってきます。町の中で生まれ育った私でも、身近に生き物がいたおかげで自然が好きになり、やがて自然を大切にしたいという気持ちが芽生えるきっかけになりました。

我が家も子どもが生まれてから、庭でメダカを飼っています。メダカは他の魚に比べて手がかからず、飼いやすいのが特徴です。屋外で飼える環境があれば、エアーポンプで酸素を与えたり、ヒーターで温度管理をする必要もありません。屋外なら、雨水が入って水が自然に循環されるし、水草を入れれば光合成をして酸素を与えてくれます。エサも微生物やコケ、蚊の幼虫のボウフラなど水中に自然発生するものを食べるので、時々与えるくらいで大丈夫です。

子どもたちにも、小さいころから生き物や自然に親しむ機会をたくさん与えてあげたいと思っています。

夏の過ごし方

暑い時期、少しでも暑さを和らげるための工夫として、
視覚（緑のカーテン、すだれなど）、聴覚（風鈴）、
嗅覚（ハッカ油）、触覚（竹やい草、麻素材のもの）、
味覚（体の熱を冷ます夏野菜など）といった
五感を刺激することも効果的です。

風鈴

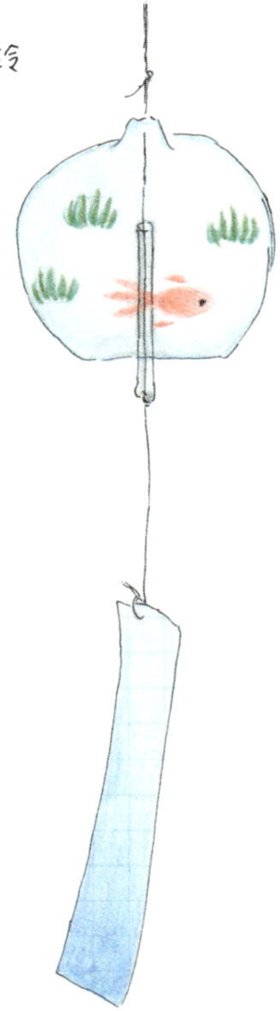

体の熱を冷ます野菜

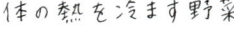

私はもともとエアコンの風が苦手なので、家にエアコンはありません。なければないで、どうすれば暑さをしのぎ、少しでも快適に過ごせるか考えたり工夫してきました。10年以上エアコンを使わずに過ごしてきたので、夏は暑いのが当たり前で慣れてしまいました。

でも、ただ暑さに耐えて我慢しているわけではありません。食べるものの工夫、着るものの工夫、家の中での工夫、植物の力を借りたり、生活パターンを変えてみたり。ちょっとしたことの積み重ねで、暑さと共存しながら過ごしてきました。

ひとつ心配なのは、最近の地球温暖化。このまま気温が上がり続ければ、いくら工夫や努力を重ねてもいつか乗り切れなくなる日がくるかもしれない。もし、地球上の多くの場所がエアコンがないと生きていけない気候になってしまったら、恐ろしいと思います。

人間だけではなく、すべての動植物がこれ以上住みづらくならないために、環境に負担をかけない暮らし方が必要不可欠。ひと昔前の暮らし方から学べることはたくさんあるはずです。

らっきょうの甘酢漬け
ピクルス

夏バテ予防にクエン酸を含む酢をよくとります。

うちわ

盆踊りや夏祭りなどで配られる
竹のうちわを、こつこつと集めています。

道端で配られている
プラスチックのうちわは、
意識的にもらわない
ようにしています。

我が家でうちわは、一年中活躍する必需品。
夏は涼む道具として。冬は炭をおこすときに風を送る道具として。他にも、酢飯を作るときや、何かを冷ますときにも使います。

夏の暑い時期に来客があると扇風機をつけますが、それだけでは暑いと感じる人のために、うちわを手の届くところに置いておきます。これが意外と好評です。

「風情があっていい」とか「落ち着く」「想像していたよりも過ごしやすい」なんて言ってもらえます。

それはたぶん、機能面だけでなく、竹製のうちわ立てと竹の柄のうちわ、うちわに描かれた涼しげな朝顔や風鈴、花火の絵などの効果も大きいような気がします。我が家ではうちわの出番が多いので、扇風機はすっかり影が薄くなってしまいました。

外出時はせんすを
携帯。竹と藍染めの
布で作られた
せんすを愛用
しています。
せんす

日向水

5～10月の晴天時、太陽熱で温めたお湯をお風呂に利用したところ、前の年よりもガス代が下がりました。

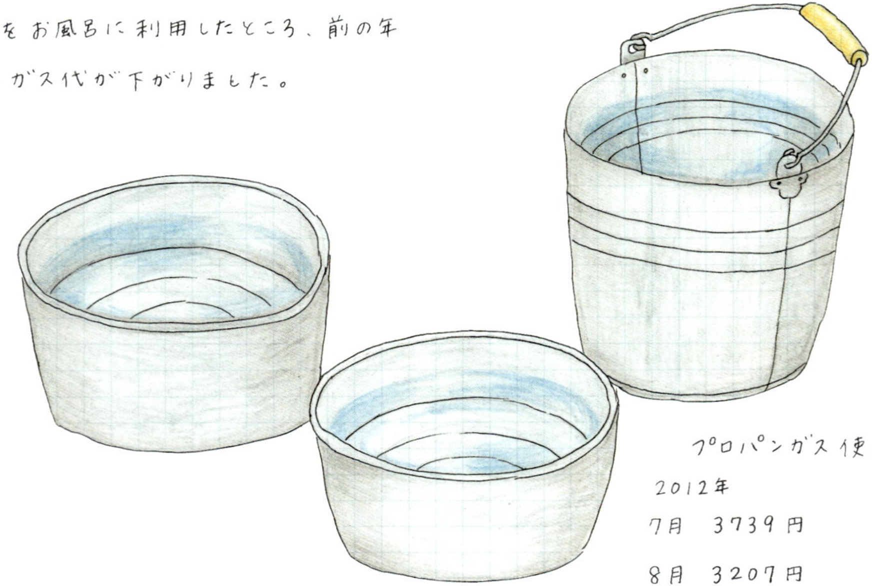

プロパンガス使用料金

	2012年		2013年
7月	3739円	→	3371円（4.0 m^3）
8月	3207円		2797円（2.6 m^3）
9月	3166円		2715円（2.4 m^3）
10月	3452円		2961円（3.0 m^3）

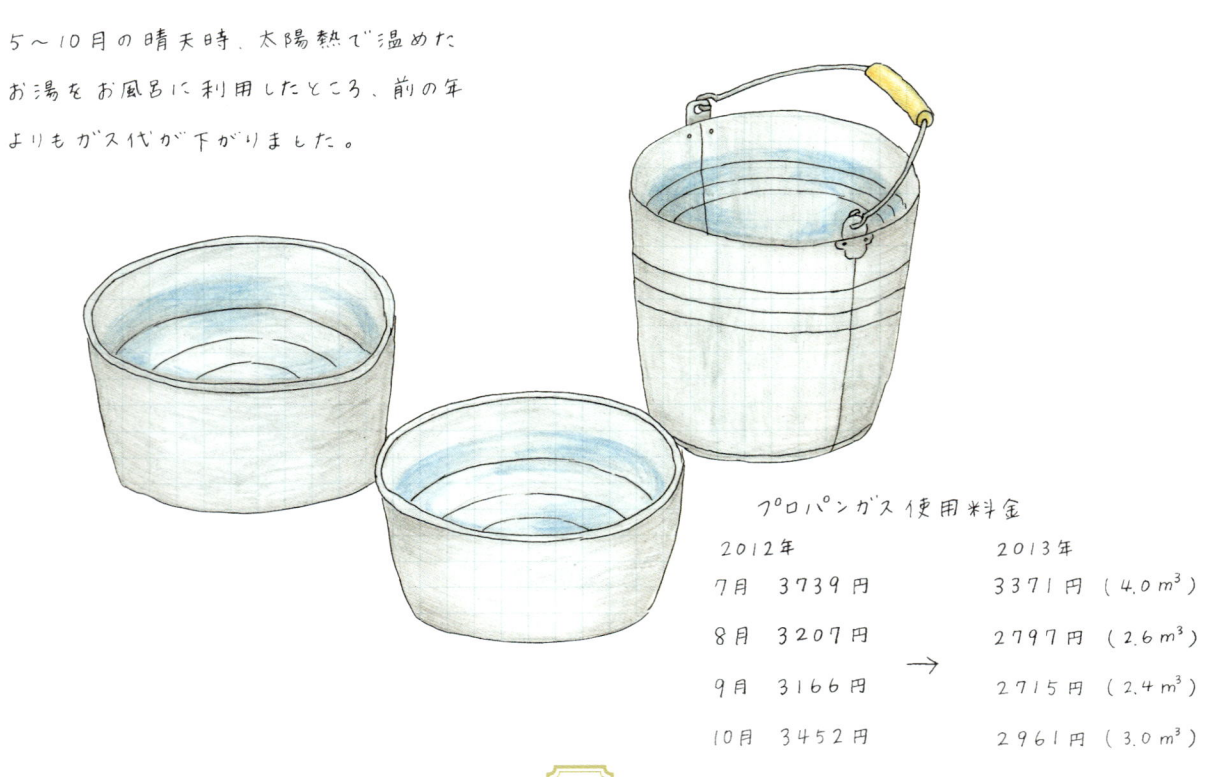

うっとうしい暑さも、ものは考えよう。それを逆手にとって利用してしまえば、嫌な暑さも自然の恵みに変わります。

我が家は夏の時期、水を張った15ℓのバケツと、5ℓのたらい2つを庭に並べます。すると太陽の熱で温められて、夕方には汗を流すのにちょうどよい温度のお湯になります。そのバケツとたらいが、夏の間は2人の子どもと私のお風呂代わりです。さすがに夜までは保温できないので、夫だけは沸かしたお湯を使いますが、それでもかなりガス代の節約になりました。

そのまま置いておくと小さな虫やほこりが入るので、ほこりよけにポリ袋をかぶせてみると、これが大成功。袋が温室の役割をしてくれて、お湯が冷めにくくなりました。

試しに水温を計ってみたところ、気温が30℃くらいの9月後半の晴れた日、朝9時に25℃だったたらいの水は、14時には40℃台まで上がりました。14時半を境に温度はゆるやかに下がっていくので、そのタイミングで室内に入れて、バスタオルで包んでおきます。そうすると、16～17時ごろでも40℃前後の温かいお湯が使えました。

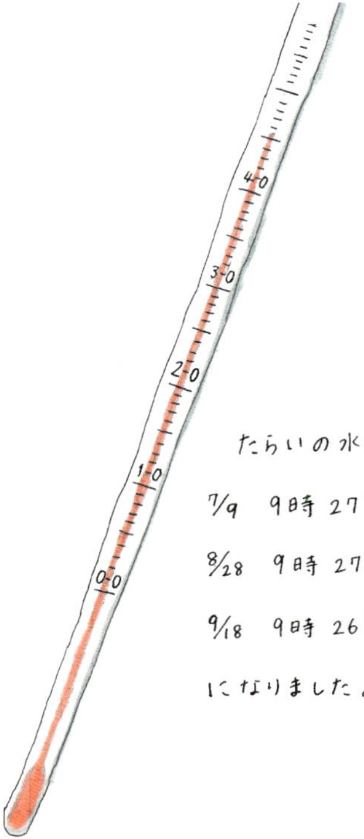

たらいの水温は、

7/9　9時 27℃ → 14時 42℃

8/28　9時 27℃ → 14時 42℃

9/18　9時 26℃ → 14時 47℃

になりました。

冬の過ごし方

寒い時期はウール素材の服や
半てんを着たり、体を温める根菜類や
ネギ、しょうがを入れたみそ汁を毎日摂っています。

毛糸で編んだアームカバー
手首や足首、首を毛糸で覆うだけでも
だいぶ寒さが和らぎます。

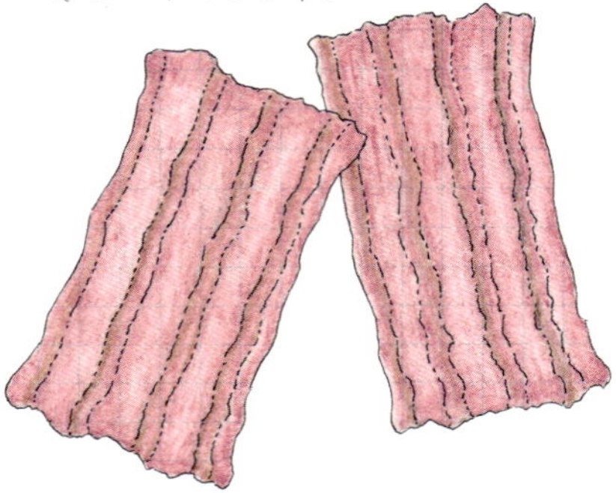

体を温める
野菜

我が家は、昭和30年代に建てられた日本家屋です。夏は比較的過ごしやすいですが、冬の寒さはかなりのもの。でも、家にはエアコンもストーブもありません。唯一の燃料は木炭なので、寒さをしのぐ工夫が必要です。

晴れていれば、日中は太陽の力を借ります。日当たりのよい部屋に移動して過ごせば、真冬でも案外暖かく暖房もいりません。

それから、食べるものと着るものの工夫。暑いときに薄着をすることには限界があるけれど、寒ければ好きなだけ重ね着をすればいい。寒さの感じ方は人それぞれです。寒い人に合わせて部屋全体を暖めるよりも、各自がそれぞれ寒くないように重ね着をして温かい服装で過ごせば、それほど暖房には頼らなくても済むはずです。

実は我が家では、夫や子どもたちは意外と寒さに強いので、私が一番重ね着をしています。

12月3日　晴れの日の室温の比較（6畳）

	9時	10時	11時	13時
1Ｆの日陰の部屋	9℃	9℃	10℃	11℃
2Ｆの日当たりのよい部屋	13℃	16℃	19℃	20℃

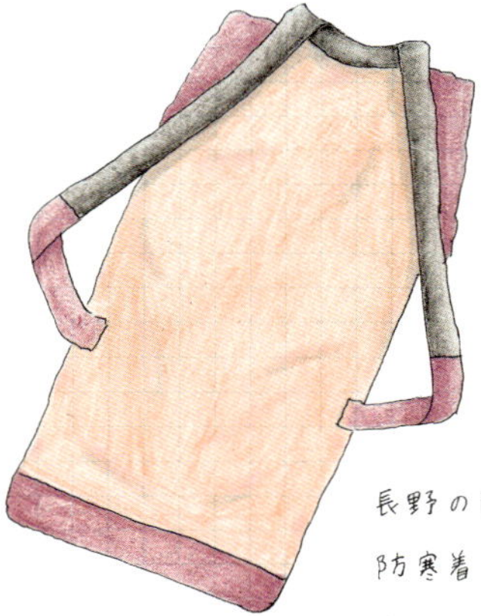

長野の南木曽の伝統的な
防寒着「ねこ」。
中に綿が入っていて、袖がなく
半てんのような形。
温かくて動きやすくて便利。

こたつ

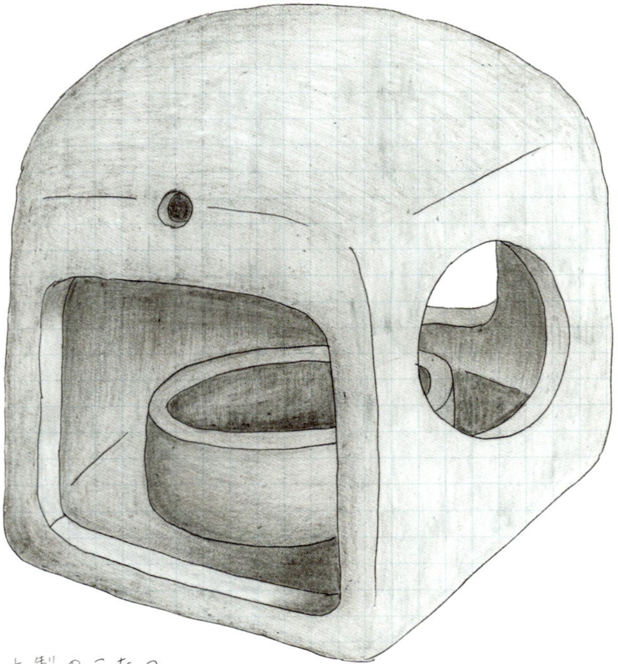

土製のこたつ

木炭を利用する、こたつと火鉢を使っています。

こたつは暖房、火鉢は主にお湯を沸かして加湿器代わりにしています。

今住んでいる家には、以前の住人が使っていた掘りごたつが残っていました。入居前、大工さんに建物を直してもらうときに、掘りごたつはどうするか聞かれましたが、そのまま残してもらうようにお願いしました。古い家をリフォームすると、掘りごたつは邪魔なものとして埋められてしまうことが多いそうです。

前の家でも、ずっと暖房はこたつを使っていました。そのときは電気のこたつでしたが、この家に来てからは同じこたつでも木炭を燃料に使うようになりました。

私がこたつを好きな理由は、部屋全体ではなく必要な空間だけを暖めてくれるところ。その分、少ない燃料やエネルギーで済みます。

木炭も、薪や他の燃料に比べて少量で済み、もちも効率もよい。こたつに使うときは、手のひらに乗るくらいの木炭が２、３本あれば１～２時間は家族で同時に暖がとれます。我が家は冬の間１ヵ月に10kgくらい、ひと冬でも30kgの木炭があれば、充分過ごせます。

こたつと木炭はとても相性が良く、少しの燃料でよく暖まります。省エネという点では最高の組み合わせだと感じています。

掘りごたつ

火鉢

持ち運びができ、
使わないときは
しまっておけるので
便利です。

灰ならし
灰をきれいにならしたり、
炭に灰をかけるのに使います。

火ばし
炭をつかむときに使います。

五徳
上に鉄鍋や鉄瓶をのせて
使います。

灰
炭の燃えかす。
野菜の肥料や
洗剤代わりにも
なります。

五徳の上に鉄瓶をのせて
お湯を沸かしたり、網を
のせてもちや芋を焼いたり
しています。

一時的に使用を中断するときは、
炭を灰の中に埋めておけば火は
消えずにすぐに再開できます。

今の家に移り住んだとき、残されていた木製の丸い火鉢。火鉢というと暖房のイメージが強いですが、実際使ってみるとこれだけではそんなに暖まりません。火鉢で暖まろうとすると、たくさんの木炭を燃やさないといけません。手を暖めるだけに木炭を使うのは、何だかもったいない。

同じ木炭でも暖房として使うならこたつに使う方が断然暖かいし、使う量も少しで済みます。そこで我が家では、暖房はこたつ、火鉢は主にお湯を沸かしたり、もちや芋を焼くときに使うようになりました。

燃料は同じ木炭なので、こたつの中の炭を少し取り出して移せばすぐに使えます。上に水の入った鉄瓶を乗せて、沸騰させれば加湿器代わりに。金網を乗せて、もちや芋を焼けば、おやつや軽食代わりに。

我が家では、火鉢の暖房は、そのついでに行うおまけみたいなものなのです。

火消しつぼ

燃えた炭を入れると
酸素がなくなり自然に
消火できます。
消し炭は再度火を
つけて使えます。

火おこし

炭を入れて
ガス台にかけると
簡単に火がつけ
られます。

湯たんぽ

金属製の湯たんぽは、
直火にかけられるのも
便利です。

我が家では、甘酒やパン作り
など、一定の温度で保温する
ときにも活用しています。

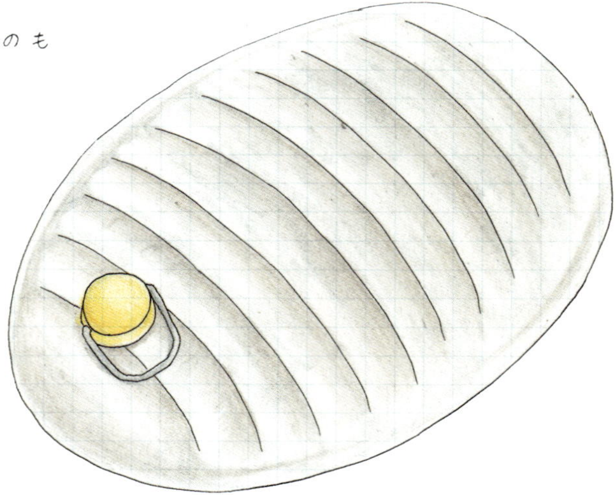

金属製の湯たんぽ

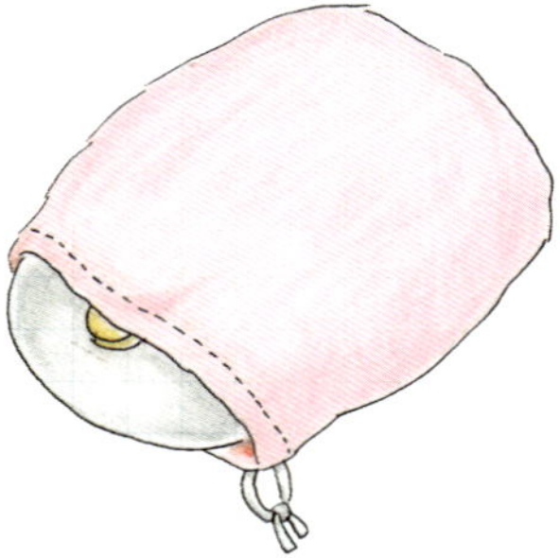

我が家のメインの暖房はこたつですが、１人のとき、自分だけのためにこたつを使うのは何だかもったいない。私の中では、こたつは家族みんなで暖まるものという位置づけです。

　では、１人で暖房を使いたいときはどうするか。私は、足元やひざの上に湯たんぽを置いて、その上からひざかけや毛布をかけます。そうすると１人用のこたつのようで、これでも充分暖かい。より少ないエネルギーで効率的に暖まることができます。

　私が使っている湯たんぽは、金属製です。金属製の湯たんぽは、ガスコンロやストーブで直接温められます。(注・火にかけるときは空気が膨張して危険なので、必ず湯たんぽの栓をあけて行います)

　直接触ると熱いので、タオルなどで包んで使う必要がありますが、冷めてきたときに中のお湯を替えずに温め直せるところが気に入っています。

陶製湯たんぽ

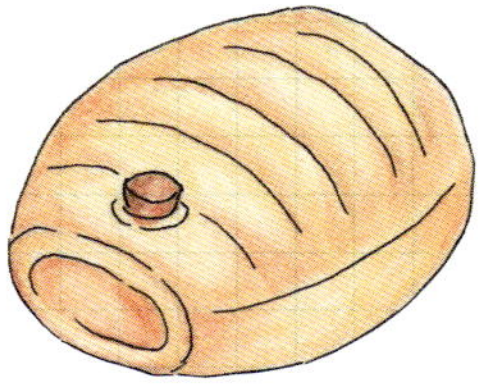

ゴム製湯たんぽ

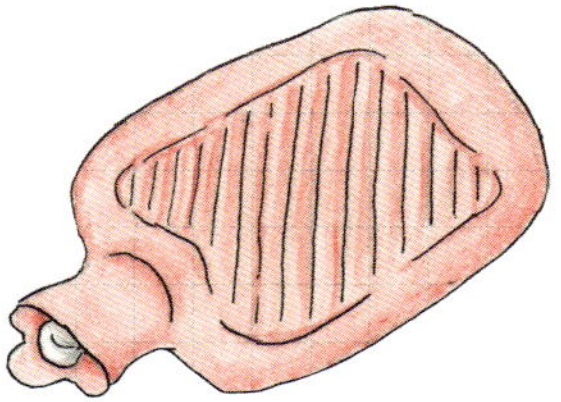

プラスチック製湯たんぽ

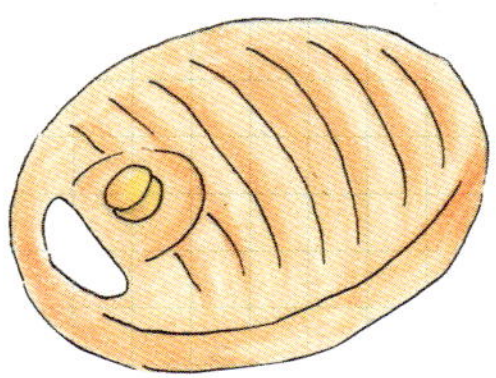

アイロン

骨董市で500円で購入した「火のし」。

洋服に霧吹きをかけて、上から
燃やした炭を入れた火のしを
あてます。
服をこがさないよう、間にさらしの
布などをはさむと安心です。

冬の間、炭で暖をとるようになってから、ついでにその炭を利用してアイロンがけができることを知りました。

こたつの中の燃えている炭を1、2個取り出して、「火のし」という道具に入れます。それを布に当ててしわを伸ばします。終わったら、炭を再びこたつの中に戻すだけ。アイロンのためだけに、はじめから炭をおこして使うのは、時間もかかるしあまり効率的ではないけれど、炭を使うついでなら無駄がない。他にも、こたつの炭を火鉢に移してもちを焼いたり、お湯を沸かして加湿器代わりにできることもわかりました。

さて、炭を使わない冬以外の時期はどうするか。アイロンをかけたいものが少しだけならば、片手鍋にお湯を沸かしてそれで代用してしまうことも。電気で熱を作るより、ガスの熱の方が早く温まって効率がよいからです。

洗濯物を干すときになるべくしわを伸ばして干すだけでも、アイロンがけが必要なものは減るはず。また、寝るときに折り目に沿ってズボンやスカートなどを置き、上から布団を敷いて体の重みでしわを伸ばす昔ながらの「寝押し」という方法もあります。ぜひ試してみてください。

ちょっとしたものなら、片手鍋ややかんに熱湯を入れて アイロン代わりに使います。

2

身のまわりのものを大切にする生活

環境を良くして気持ちよく暮らすためには、ごみを減らすことも大切です。
ごみが減れば、処理に必要なエネルギーも、埋め立てる場所も、
焼却で発生する二酸化炭素や有害なガスも灰も減らせるはず。
捨てる量を減らすために、必要以上に買わない・持たないことを心がけています。
本当に気に入ったものを、長く大切に使いたいと思っています。

弁当箱

アルマイト製弁当箱

アルマイトはアルミニウムという
金属をさびにくく丈夫に加工
したもの。

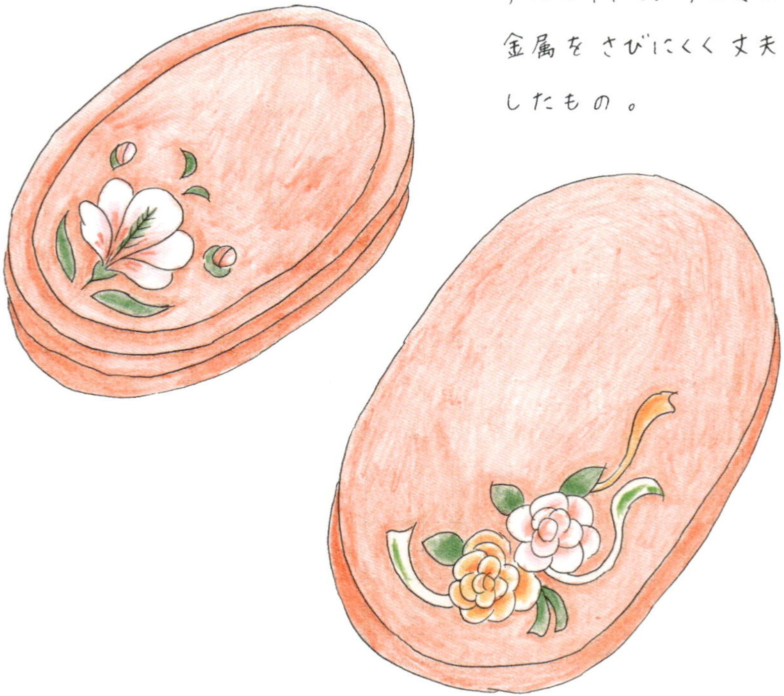

子どもが生まれたとき、実家の母から「アルマイトの弁当箱がとってある」と言われました。その弁当箱は、母が子どものころに親に買ってもらったという50年以上も前のもの。

裏に母の名前が彫ってあります。大切にとっておいて、私が幼稚園に通っていたときにも使ったものでした。

小さな傷はありますが弁当箱としての機能は変わらず、まだまだ現役で活躍しています。50年前のレトロな柄は今では新鮮で、何だかオシャレにも見えます。小学生の娘も、幼児園に通っていたころ毎日この弁当箱を使いました。

何か新しいものを買うときには、自分限りで使い終わるものではなく、この弁当箱のように時代を超えて誰かに受け継いでもらえるものを選びたいと思っています。

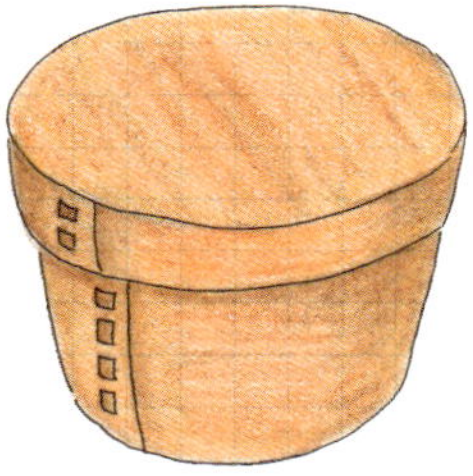

曲げわっぱ

弁当行李

水筒とまほうびん

中学生のころからの
水筒を愛用して
います。

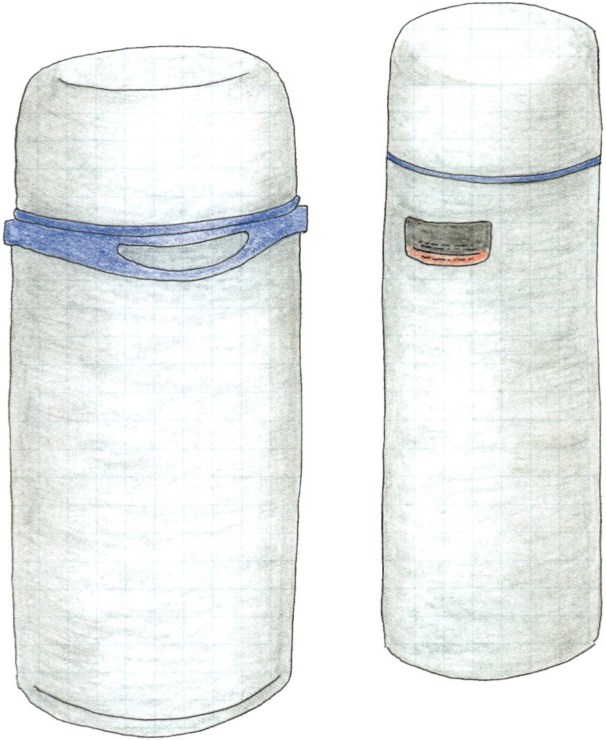

口が広く、中まで
洗いやすいものが
衛生的でオススメ
です。

外出用のステンレス製
まほうびんの水筒

毎朝やかんでまとめて淹れたお茶を、夫と子どもたちの水筒に入れて持たせています。残りは1.8ℓ入るまほうびんのポットに入れておいて、いつでも好きなときにお茶が飲めるようにしておきます。

国産無農薬のほうじ茶や番茶も、茶葉から自分で淹れれば、家族4人で飲んでも1日あたり数十円で済みます。経済的な上、ペットボトルなどのお茶よりも美味しく感じます。

使い終わった茶葉もまだ捨てません。容器に入れて外に置いて自然乾燥させ、トイレや下駄箱の消臭剤代わりに使うのです。最後は庭に撒けば、土中の微生物が分解してくれて、肥料になってしまいます。麦茶などティーパック入りのものでも、中身の茶葉だけ取り出せば、同様に使えます。この茶葉のように、今まで捨てていたけれど、実はまだ使い道があるものはたくさんあります。捨てる前に「これ何かに使えるかな」と考えるクセがつくと、思いがけない使い道が見つかるかもしれません。

日常使いの
ステンレス製
まほうびん

風呂敷

実家を出るときに、何枚かもらった
風呂敷を今も使っています。

最近は、どこでもよく見かけるエコバッグ。私が一番気に入っているエコバッグは、日本の伝統的な布の風呂敷です。

風呂敷はただの正方形の布ですが、形が決まっていないので、どんな形状のものでも包んで運べます。その時々の用途に応じて、使い道が広いのが魅力です。

洗ってもすぐに乾くので、繰り返し使うエコバッグにぴったり。たたむと小さくなってかさばらないので、携帯しやすく、しまうときも場所を取りません。

いつもかばんに入れて風呂敷を持ち歩くと、外出先でふいに荷物が増えても慌てずに済みます。敷き物やひざかけなど、包む以外の使い方もできます。

使い込んで穴があいたり傷んだら、きれいな部分をカットして端切れ布に。小物を縫ったり、布巾にしたりすれば、最後まで使い切ることができます。

バッグのようにも
使えます。

買い物の工夫

いつも 子どもの 送り迎えや 出かける
ついでに買い物を済ませることが多いので、
風呂敷を サブバッグ
代わりにして
います。

直売所などで、袋づめされていない野菜や
家庭菜園で収穫した野菜は、新聞紙で
包むか、直接買い物かごに入れればOK。
通気性もよく、汚れやにおいもつきにくくて
ビニール袋に入れる必要もありません。

冷蔵庫のない生活になってから、お店のポイントカードをほとんど使わなくなりました。なぜかというと、その方が特売やポイントに左右されずに、必要なものを必要な分量だけ買い物できるのではないかと思ったから。お店のやり方に合わせるのではなく、自分の都合で買い物がしたいと思ったからでした。

　買い物をしてポイントがたまると、得した気分になります。でも、今までの自分の行動を考えてみると、ポイントがつく日に合わせて買い物をしたり、ポイントがつく金額になるように、余計な買い物をしていたのではないかと気づいたのです。

　たまたま欲しいものが特売ならうれしいですが、カードを持たないことで、特売やポイントの誘惑にも惑わされなくなりました。

　家計簿を見ても、ポイントカードを利用しないことで特に支出が増えたということもないようです。逆にカードの特典を気にすることがなくなって、必要以上に買わなくなったことの方が節約効果は大きい気がします。

着るもの

Tシャツ
ポロシャツ
Yシャツ
カーディガン
ベスト
セーター
パーカー
フリース
コート
パンツ
スカート

今の私の普段着は全部でこれだけです。コート以外は決まった場所（4段の籐のたんす）に入るだけしか持たないと決めています。

増やさないように心がけていても、服は増えやすいもの。子どもがいると、いろんなところからお下がりをいただきます。

子どもの服はすぐに着られなくなってしまうから、お下がりはありがたいのですが、サイズの大きいものや季節に合わないもの、自分のイメージと違うものなど着ないものの方が多いのです。子どもが生まれて最初のころはいただいていましたが、最近は必要なものがあればバザーやリサイクルショップに探しに行くことにしています。大量の服を保管する手間や収納場所を考えたら、多少お金を払っても、子どものサイズや好みにあった必要なものだけを手に入れたいと思います。

もちろん善意で「子どもの服いらない？」と声をかけていただくことには感謝していますが、バザーなどで大量の子ども服を見ると、なくて困っている人よりも、あって困る人の方が多いのではないかと感じています。

スカーフ

服はシンプルで地味な色が多いので
アクセントになるスカーフは、明るく
彩やかな色柄も選びます。

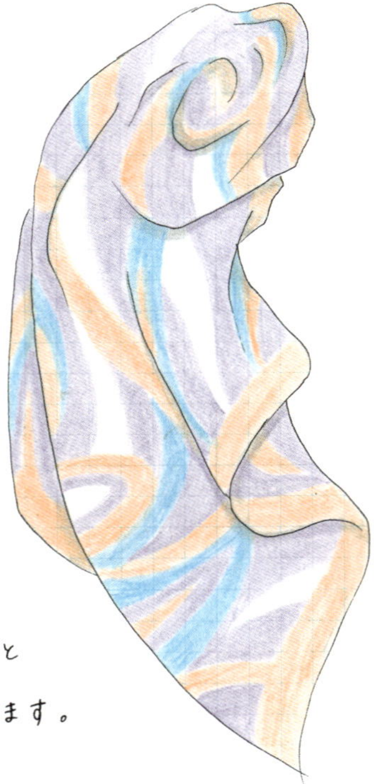

一枚の布でも
結び方を変えると
何通りも楽しめます。

なるべく少ない枚数の服で暮らしたい。服を選ぶとき、着回しやすさを優先に考えると定番の色や形が一番。そのため私のワードローブはグレー、紺、ベージュなどの合わせやすい色ばかりです。

普段はこれで充分ですが、初対面の人と会う場合などは地味な印象になりがち。そんなときは、スカーフやストールで明るい色柄のものを身に着けます。服が地味なぶん、スカーフやストールがよく際立ちます。こうした小物なら、たいてい服に比べて安価なうえ洗濯や手入れも服より楽。小さくてかさばらないので、場所もそんなに取りません。さらに、巻き方で変化をつけられるので、1枚で何通りも楽しめます。

学生のころに出会った農家のおばあちゃんは、いつも同じ作業着姿。でも、スカーフを頭にかぶったり、肩にかけたり、首に巻いたりと上手におしゃれを楽しんでいました。こういうおしゃれの仕方もあるんだと気づき、それ以来お手本にしています。

結びかたいろいろ

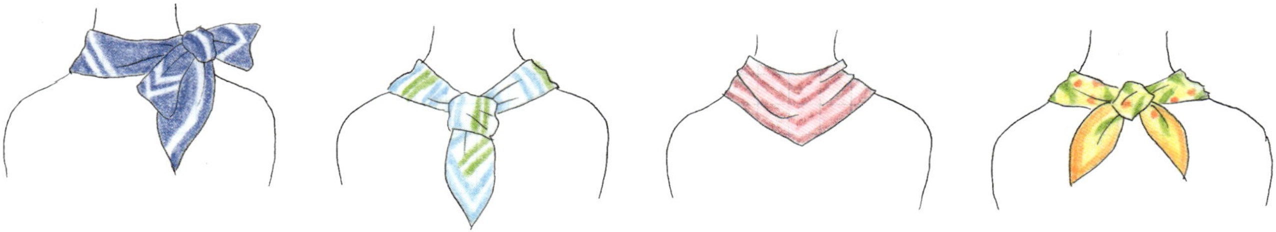

たらいを使う

大小の金属製のたらいを
洗濯や水汲み、日向水、
子どもたちの水遊びなどで
使いわけています。

我が家には洗濯機がありません。洗濯はいつもたらいで手洗いをしています。使う道具は、たらいと洗濯板。洗剤は固形石鹸１つだけ。

まず、たらいにお風呂の残り湯を入れて、石鹸を溶かして石鹸水を作ります。その中に洗濯物を入れて、手で押したりもんだりして洗います。襟や袖の汚れは、その部分に石鹸をつけて洗濯板にこすりつけて落とします。その後水を２、３回取り替えてすすぎをし、絞って完成。

我が家が普段１日の洗濯で使う水は、たらい３～４杯（15 ～ 20 ℓ）。一般的な洗濯機で１回に使用する水は 100 ℓ 前後といわれています。どんなに節水型の洗濯機でも、手洗いにはかなわないでしょう。

手洗いをしてみると、水道代と電気代の節約だけでなく洗剤の量も減る、道具のメンテナンスが簡単、置き場所も取らないと、良いことがたくさん。

はじめのうちは時間がかかって面倒に感じるかもしれません。でも、続けるうちにだんだん効率よく短時間でできるようになって、上手に手抜きもできるようになります。今はもう、洗濯機がある生活に戻る必要を感じません。

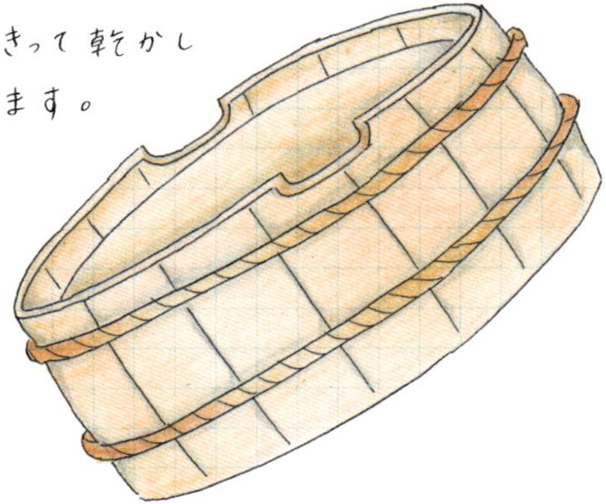

木製のたらいは 使い終わったら 裏返して、よく水気を きって乾かし ます。

バケツを使う

丈夫で劣化しにくい
金属製のバケツが
好きです。

室内では、洗濯物を持ち運んだり、お風呂の
残り湯を汲んだり、ふき掃除をするときなど
に使っています。

今の家には、前の住人の持ち物だった大小さまざまなバケツが残されていました。100ℓくらい入る大きなポリバケツ２つと、15～20ℓくらいのポリバケツや金属製のバケツが数個。それぞれ、防災用として雨水をためておく、家庭菜園で使う、室内でそうじや家事に使う、と用途に応じて使い分けています。

その中でも、ちょっと変わった使い方が「バケツ稲」。数年前、バケツで稲が育てられることを知りました。子どもの観察用にも良いと思い、それ以来毎年、庭先で稲を育てるようになりました。

収穫は、バケツ１個あたりご飯茶碗１杯にも満たないくらいの量ですが、鮮やかな緑の葉や黄金色に輝く稲穂から季節の移ろいを感じたり、子どもたちにも、いつも食べているお米がどうやってできるのか、どれだけの時間や手間をかけて作られているのかを知る機会になればいいなと思っています。

バケツ稲

衣服を洗う

手洗いを続けるコツは、洗濯物の量を減らすこと。
入浴後に体をふくタオルは、バスタオルよりもひと回り小さいスポーツタオルや手ぬぐいを使っています。

表着なら、ブラシでほこりを落としたり、ハンガーで陰干しすれば毎回洗わなくても大丈夫です。

手洗いで洗濯をすると服が傷みやすいと思われがちですが、実際にやってみると、逆に傷みにくくなったと感じています。

なぜかというと、手洗いは服を洗い分けられるから。洗濯機は全部の洗濯物をまとめて同じように洗うけれど、手洗いの場合は汚れの多いものと少ないもの、生地が丈夫なものとそうでないものに分けて洗えます。服に応じて洗い方を変えられるので、傷みにくいのです。

また、1枚の服にしてみても、全体の汚れは同じではありません。汚れやすい部分とそうでない部分があります。だから、汚れのついた部分（襟や袖）だけ石鹸をつけて洗濯板でこすれば、生地がこすれる部分は最小限で済み、他の部分はダメージを受けません。

洗濯機を使わなくなってから、夫は気に入っている服は週末に自分で洗うようになりました。自分の手で洗うことで汚れが落ちるのが目に見えてわかるのがうれしいようで、以前より服を丁寧に扱うようになりました。

つかみ洗い

揉み洗い

昭和17年刊
「主婦の台所科学」
より

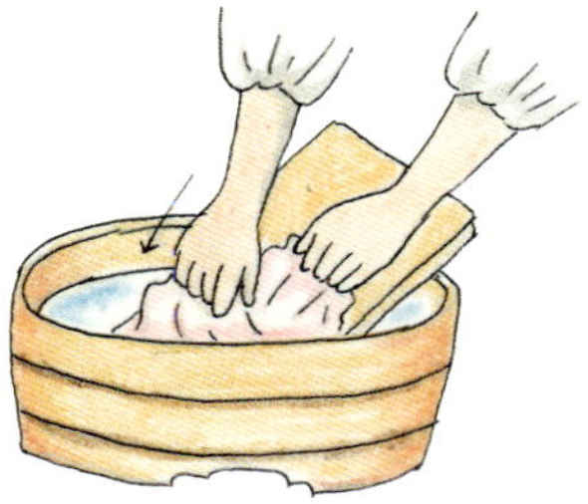
こすり洗い

下駄

下駄は、鼻緒を足の指ではさんで履くので、足の指の力がついて、踏んばる力やバランス感覚がつきます。子どもたちも、3歳のころから親しんでいます。

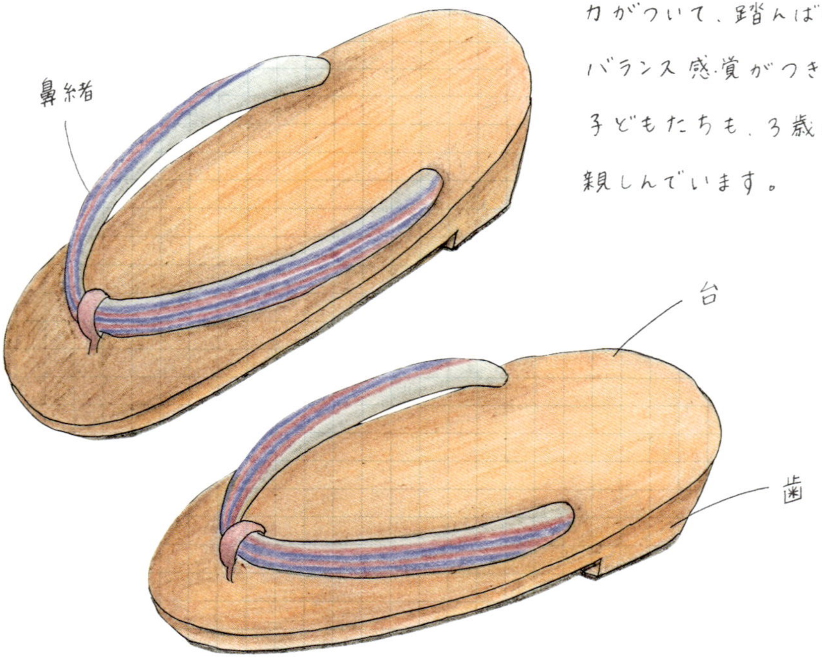

日常の普段履きとして、下駄を履いています。近所の履きもの屋さんで購入したのですが、その際、歯の部分にゴムを張ってもらいました。すると、ゴムが音や衝撃を吸収してくれて、アスファルトで舗装された道路でもサンダルのように気軽に履けて歩きやすくなりました。ゴムがすり減れば、張り替えてもらえます。

下駄は、板の台に鼻緒をすげただけのシンプルな作りだから、手入れも簡単。汚れたときは絞った雑巾でふけばいいし、鼻緒もゆるんだり傷んだらすげかえることができます。だから台が壊れない限り、長く愛用できます。

私は素足の感触が好きなので、庭に出るときや近くに買い物に行くときは、サンダル感覚で下駄を履いています。子どもの場合、靴ではすぐにサイズが変わってしまうので履ける期間が短いけれど、下駄なら少しくらい指やかかとがはみ出しても大丈夫。しばらくは履き続けられます。

通気性抜群で脱ぎ履きが楽な下駄。日本の湿度の高い気候と、家に入るときに履物を脱ぐ習慣をちゃんと考えて作られていて、実は高機能の履きものだと思うのです。

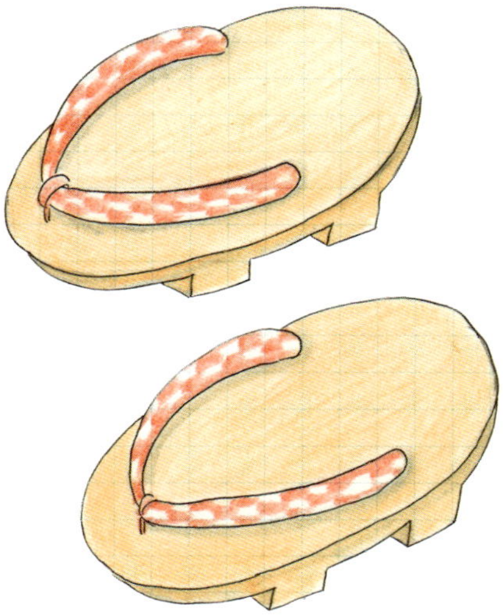

毛糸を編む

私は、初心者向けの編み物の本を読みながら
何度も編んでほどいてを繰り返して覚えました。
最初はかぎ針、慣れたら棒針を覚えていきました。

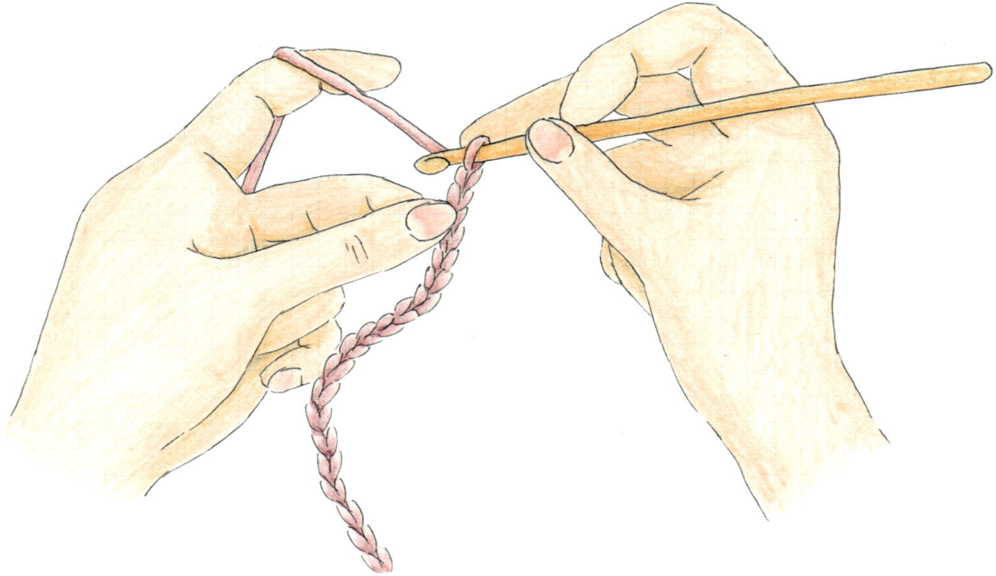

祖母は編み物が得意で、いつも自分で編んだセーターを着ていて、私にもいろいろ編んでくれました。古くなって穴があいたりほころんでくると、ほどいて毛糸に戻します。それを再び編み直して、1本の毛糸も無駄にしませんでした。

私も、子どもが生まれてから自分で編みたいと思うようになりました。実家からかぎ針と棒針、毛糸を分けてもらい、本を見ながら独学で覚えました。今では子どもの帽子やマフラー、毛糸のパンツなど、ちょっとしたものなら編めるようになりました。

編み物に必要な道具は、針と毛糸だけ。初期費用や準備がほとんどいらず、場所もとりません。編んでいても中断できるので、小さい赤ちゃんがいる人にもオススメです。私も、子どもが赤ちゃんのころは昼寝中や夜寝る前のすき間時間に、ちょっとずつ編んでいました。音楽を聴きながら編む時間が、気分転換にもなっていました。

今も、書き物や考えごとで煮詰まったとき、頭を使って眠れないときなどに、編み物をしています。編むという作業は、心を落ち着かせる役割もあるのです。

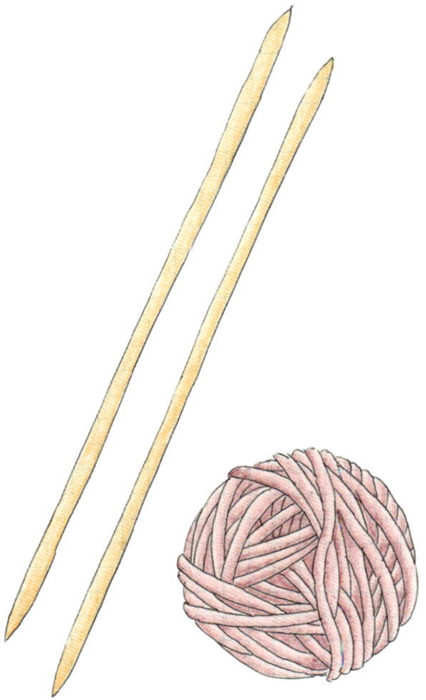

手首カバーの作り方

　林業をやっている知人から、「これが意外に暖かい」と教えてもらった手首カバー。作業用品として市販されているそうですが、これなら簡単に編めそうと思い、見よう見まねで作ってみました。

　長方形に編んで、最後に輪にしていますが、最初から輪に編むこともできます。

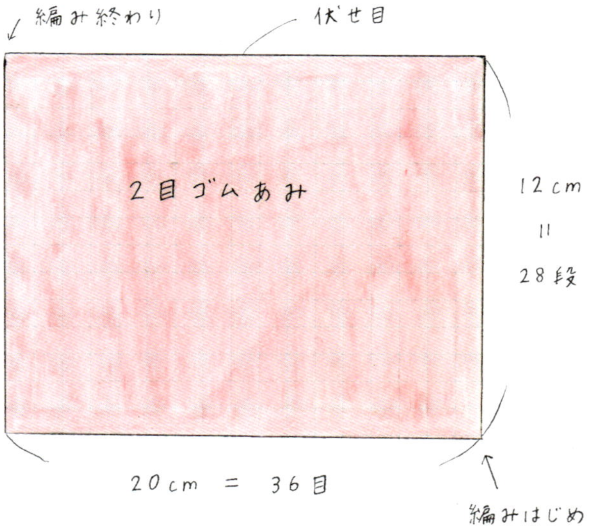
編み終わり
伏せ目
2目ゴムあみ
12cm
=
28段
20cm = 36目
編みはじめ

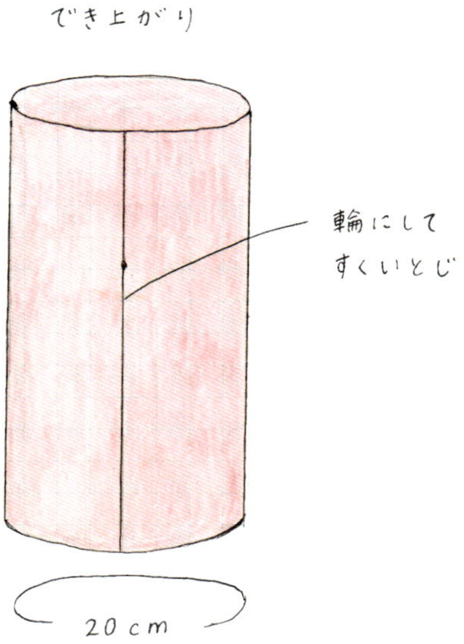
でき上がり
輪にして
すくいとじ
20cm

つくり方

① 36目つくり目をする

② 2目ゴムあみで28段編む

③ 伏せ目をして、輪にしてすくいとじする

④ 糸の端は、目立たないようにとじ針で何度か通して始末する ⑤ 同様にもう一本編む

布おむつ

1人目の子が生まれて
初めて使った
おむつカバー。
防水性と通気性を兼ねそなえていて、おむつカバーの定番の素材。

ウールのおむつカバー

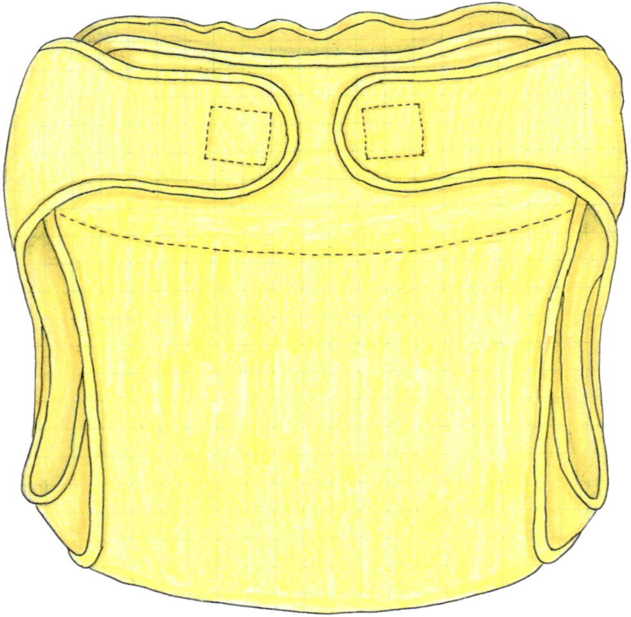

浴衣から作った
おむつ

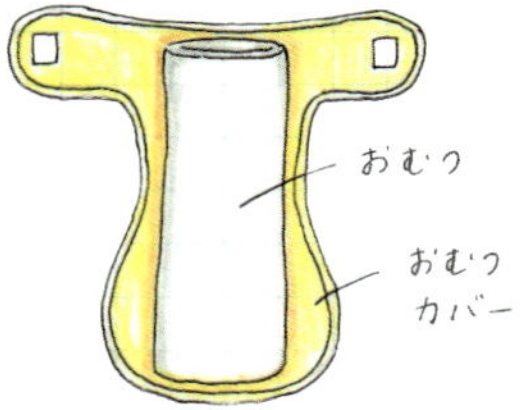

中に綿のおむつを敷いて
使います。濡れたおむつは
交換します。

暮らし方と同様に、子どもも自分の納得するやり方で育てたい。初めての出産を前に、どんな子育てをしたいのか考えた結果、昔ながらの方法でやってみたいと思いました。その１つが布おむつでした。

当時は布おむつを使っている友人もいなければ、育児雑誌や本でも自分の知りたい情報を見つけられませんでした。そこで、知り合いの年配の方々から使い方を教わり、実際に試していくうちに少しずつやり方を覚えていきました。

１人でまわりと違うことをしていると、嫌でも目立ってしまいます。「あの人変わってる」とか「きっとヒマなんでしょ」などの偏見や心ない言葉もしばしば。理解されず悲しい思いもしましたが、続けていくうちに「やり方を教えてほしい」とか「実は私も…」と、共感してくれる人も少なからずいることを知りました。

子育てに限らず、自分が「こうしたい」とか「これはおかしい」と感じることがあれば、納得するまで調べたり、試したりします。失敗することもありますが、失敗からも学べることや得るものもあるはずです。

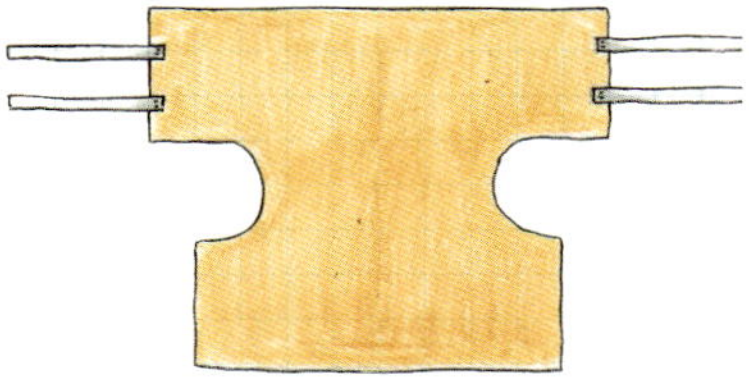

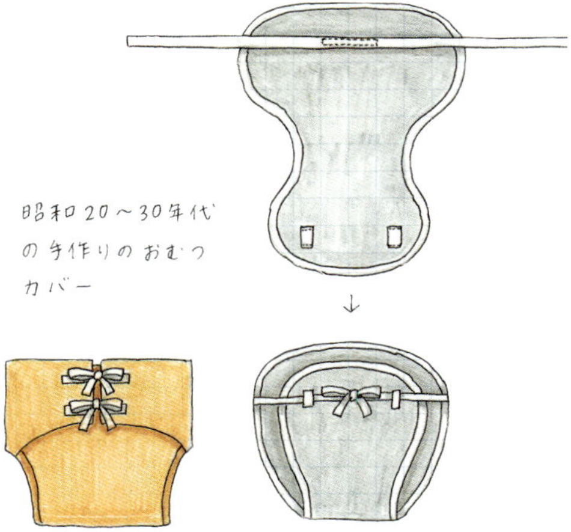

手ぬぐい

御案内
秋冬物新作陳列会
九月五日(金)より
十日(水)まで
六日間
呉服
池田屋
電(775)一七七六代表

母から譲ってもらった

呉服屋の広告の手ぬぐい。

母が若かったころは このような

粋な広告があったそうです。

きれいな柄なので、

もったいなくて 使わずに

とっておいたそう。

子どもが生まれてから、ハンカチやタオルよりも、手ぬぐいが好きになりました。乾きやすいし、90cmというあの長さがちょうど使いやすいのです。

子どもが小さいころ、出かけるときにいつも手ぬぐいを何枚か持ち歩いていました。これがとっさのときに非常に役立ちました。

お手ふきや口ふき、汗ふき、こぼしたものをふいたり。外出先で子どもが寝てしまうと、冷えないようにお腹にかけたり。冷房の効いた場所で、スカーフのように肩にかけて防寒をしたことも。よだれかけだって、専用のものを用意しなくても手ぬぐいを巻くだけで充分です。

また、子どもが帽子をかぶるのを嫌がるときには、手ぬぐいを頭に巻いて日除けをしました。中でも一番役立ったのが、外出中に交換用の布おむつがなくなってしまったときと、ズボンを汚して替えがなかったとき。そのときはおむつ代わりにしたり、腰に巻いて巻きスカートのようにして、ピンチを乗り切ることができました。

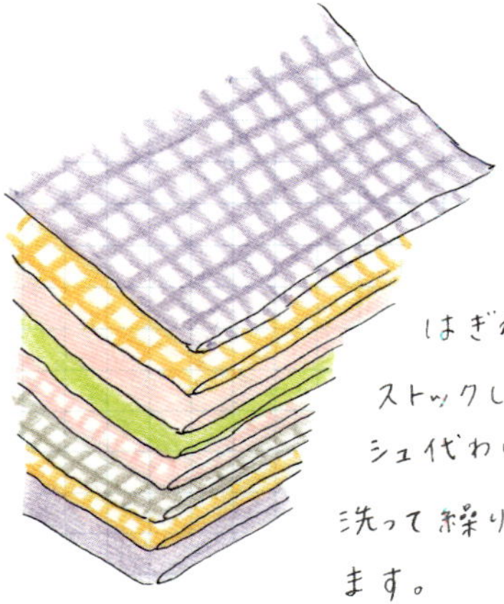

はぎれ布
ストックして、ティッシュ代わりに利用。洗って繰り返し使えます。

子どもの浴衣

30年くらい前に、祖母が
私のために縫ってくれた浴衣。
レトロな柄ですが、逆に
それが新鮮でかわいいです。

私が幼いころに着ていた浴衣は、祖母が縫ってくれたもの。それが実家に残っていて、子どもが生まれたときに送ってもらいました。

こんなにかわいい浴衣なのに、お祭りくらいしか出番がないなんてもったいない。物心がつくまでは、普段着として出かけるときもよく着せました。けれどまわりの子どもと遊ぶようになってくると、浴衣を着ている子なんていません。それから、だんだんと外では浴衣を着てくれなくなりました。

まだ着られるのに、このまま着なくなってしまうのは残念です。そこで、夜寝るときパジャマ代わりに着せることにしました。ねまきなら少しくらい丈や袖が短くたって人に見せるわけではないので、問題ありません。だから、数年着ることができました。

日々成長していく子どもの場合、洋服ではサイズが決まっているので着られる期間は短い。でも和服なら、細かくサイズが分かれているわけではないので何年も着ることが可能です。もともと子どもの和服は、肩あげ、腰あげをつけて成長に合わせて調整ができ、長く着られるようにできています。浴衣をはじめ和服は、子どもの衣類にぴったりだと思います。

子どもの遊び

折り紙

きれいな柄の包装紙を
とっておいて、折り紙として
利用。

あやとり

毛糸の余りや
包装のひもを利用して
作れる

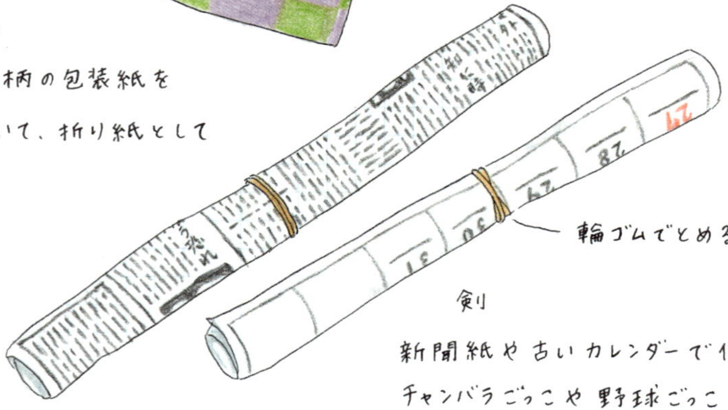

剣

新聞紙や古いカレンダーで作る。
チャンバラごっこや野球ごっこのバットにも。

今は昔と違って、子どもが夢中になるようなおもちゃがたくさんあります。でも、きっとおもちゃがなくても自分で遊びを考えたり見つけたりできるのではないか、おもちゃがない方が工夫する力や想像力がつくのではないかと、なるべくおもちゃを与えずに育ててきました。

すると、家の中にも子どもの遊びの素材はたくさんあることに気づきました。例えば、チラシや空き箱、輪ゴム、包装紙、木の器…など。

ある日、友だちの家で伸びる剣のおもちゃを見せてもらった3歳の息子。それがすっかり気に入り、翌日、丸めた新聞紙を輪ゴムでとめて剣を作りました。でも、その後も何やら工作を続けています。しばらくして完成したのは、2本の剣を重ねた伸びる剣でした。息子はとても満足げで、おもちゃの剣を借りたときよりもうれしそうに見えました。

おもちゃを与えるのは簡単だけれど、それよりもこのような自分で創意工夫する経験や、達成したときの喜びをたくさん与えてあげたいなと思います。想像力があれば、遊びは無限に広がるはずです。

お店屋さんごっこ
スーパーなどのチラシを
切り抜いて遊ぶ

ちゃぶ台

幅90cmの四角いちゃぶ台と、

70cmの丸いちゃぶ台を使っています。

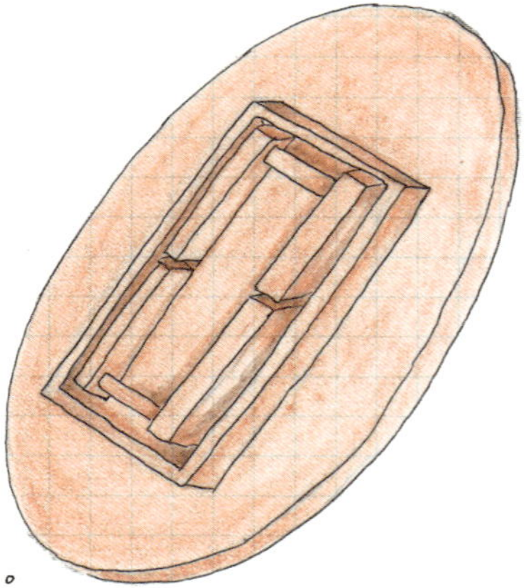

使わないときは脚を折り

たたんで壁に立てかけておきます。

もしも、ちゃぶ台を「可動式で収納可能でテーブルにも机にもなる台」と説明したら、まるで高機能な家具のようにも聞こえます。食事やおやつのときはテーブルになり、仕事や宿題をするときは机に。他にも新聞を読むとき、読書をするとき、家計簿をつけるとき、編み物をするとき、と何にでも使えます。

ちゃぶ台のおかげで我が家では、日中は照明をつけずに太陽の光が届く明るい場所で過ごせます。

また、暑いときは風通しのよい日陰へ、逆に寒いときは暖かい日なたへ、ちゃぶ台を持って移動できます。使わないときは脚をたたんでしまっておくので、そうじもしやすいです。

私がちゃぶ台を選んだのは､少ない家具で暮らしたい､極力ものを置きたくない、という両方のニーズを満たしていたから。ちゃぶ台１つで机とテーブルの役割が果たせ、部屋のスペースを占有することもありません。決められた場所に置くのではなく、自由に動かせるところもいい。

将来子どもが大きくなって、部屋の使い方や家族構成が変わっても対応しやすいと思うのです。子ども専用の机よりも、親子やきょうだいで同じちゃぶ台で向き合う方が精神的にも近くにいられてよいのではないか。家計簿をつける私の目の前で宿題をしている娘を見ていると、これで充分な気がしています。

角型のちゃぶ台

筆記用具

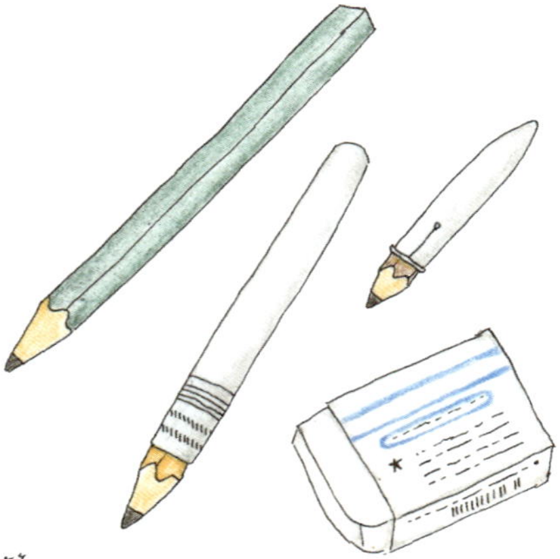

鉛筆

原稿を書くときは、まず最初に鉛筆で手書きから。手書きの方が文字に気持ちを込めやすいです。

鉛筆は、短くなったら、キャップやホルダーをつけて最後まで使いきります。

万年筆

一生使うつもりで買った1本。

手紙を書くのが楽しくなりました。

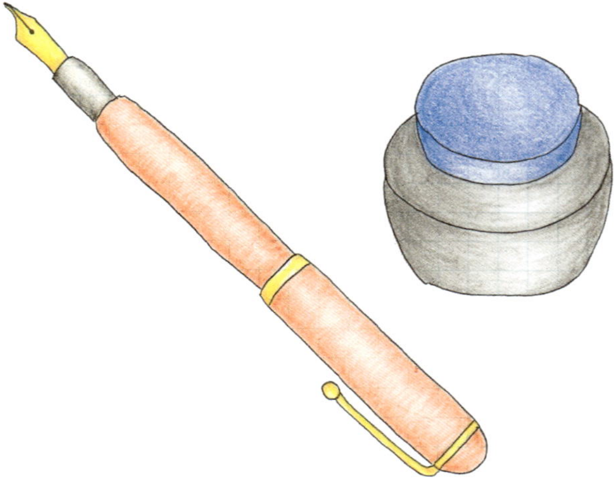

毎年、12月頭ごろから少しずつ年賀状を書き始めます。年賀状で私がこだわっているのは、必ず手書きの文章を添えること。定型文ではなく、一人ひとり違う文章を綴ります。毎年200枚近く書くのでとても時間がかかりますが、どんなに忙しくてもこれだけは省略したくないと思っている、大事な行事の一つです。

今は、メールでのあいさつや、宛名も文面もすべて印刷された年賀状も多いけれど、いただいた年賀状に一言でも手書きの文章が添えられていると嬉しくなります。手書きの場合は、相手のことを考えて書いてくれていることが伝わります。だから私も、相手に何を伝えたいか考えながら書くようにしています。

メールは送ればすぐに相手に届くので、原稿を送る場合や要件を伝えることには役立つけれど、思いを伝えるには手書きの文章に敵うものはないと感じます。宛名も文面も印刷だけの手紙は、相手の感情やぬくもりが感じられません。だからどんなに素敵なデザインでも、手書きの文章が添えられたものに比べると、もらったときの喜びは少なくなります。

手紙は日記と違って、相手に向けて書くということ。だから、相手のことを考えて書いたり、限られたスペースや文字量で思いを伝える練習にもなります。年賀状や暑中見舞いなどの季節のあいさつは、手紙を書くのに絶好の機会です。ぜひこの機会を利用して、書くことに親しんでみてください。

家計簿・生活日記

食日記を30年以上つけている
食文化研究家の魚柄仁之助
さん。魚柄さんと知り
合ったのがきっかけ
で、私も記録
をつけるように
なりました。

娘も、年長の夏休み
から毎日、日記を書か
せています。

1冊は収入や支出を記録する
もの、もう1冊は毎日の食事や
家事などを記録するものとして、2冊を併用。

時々、テレビや雑誌で「節約主婦」として取り上げていただくので、節約が好きな人と思われることがあります。でも私の場合はそれが目的ではなく、好きなことをやった結果が節約につながったのです。

「そんなに節約をして、お金が貯まって仕方がないでしょう？」と聞かれることもあります。もちろん必要ないと感じる部分はとことん削りますが、その浮いた分は貯金ではなく必要なものへの投資に使います。私にとっての投資とは、本を買ったり、人に会ったり、好きなことを学ぶこと。やりたいことがある今は、お金よりも知識や経験を貯めようと思っています。なぜかというと、お金は使えばなくなってしまうけれど、蓄えた知識や経験は使ってもなくなることはありません。その知識や経験の方が、将来の自分の役に立つのではないかと思ったからです。

今、興味のある「節約」は無駄を減らすこと。具体的にいうと、ダラダラ過ごす無駄な時間や、たいして使わない無駄な買い物などのことです。生活の中の無駄を見つけて改善していくためにも、家計簿や生活日記をつけることが役立っています。

私の生活日記

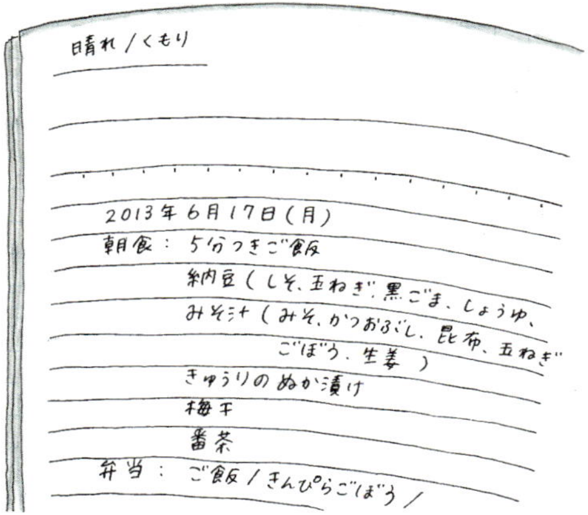
晴れ／くもり
2013年6月17日（月）
朝食：5分つきご飯
納豆（しそ、玉ねぎ、黒ごま、しょうゆ、
みそ汁（みそ、かつおぶし、昆布、玉ねぎ
ごぼう、生姜）
きゅうりのぬか漬け
梅干
番茶
弁当：ご飯／きんぴらごぼう／

はかり

生活道具も、デジタルより
アナログの方がつくりがシンプル
なので丈夫で長持ちするように
思います。

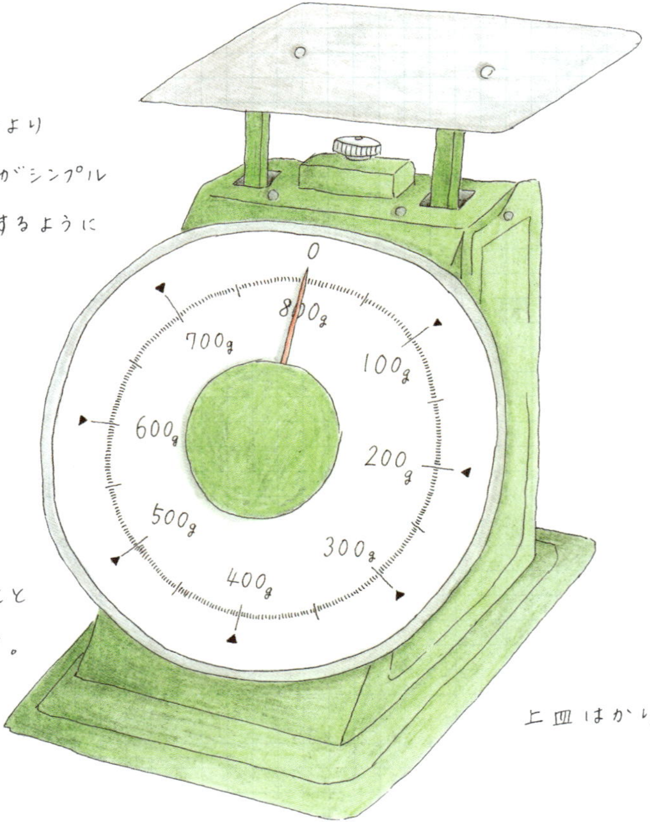

買い物から帰ると、
まずはかりにかけること
が習慣になっています。

上皿はかり

生活日記をつけるようになって、食べたものから買ったもの、電気を使った時間まで、何でも記録したりメモをするのが習慣になりました。

買ったものは、はかりにかけて量までメモします。すると、思わぬ発見がありました。同じ大きさの容器や袋に入っていても、中身の量は同じではないということ。

例えば、お店で売っている納豆のパックも、容器の大きさは同じでも40ｇ入り、45ｇ入り、50ｇ入りと違います。一見安そうに見えても、原材料や容量から考えると実はそうではないことも。単純に表示の金額だけで判断できません。

野菜なども、同じものでも重さをはかるとけっこうばらつきがあったり、出始めのころや最盛期、豊作や不作などで単価も変わります。

いつも量と値段をメモしておくと、普段自分が買っているものの単価や底値がだんだんわかってきます。それに照らし合わせて買い物をすると、自分の基準でこれは少し高い、安いと判断できるようになって、表示のトリックに惑わされることも少なくなってきます。

ぜんまい式のキッチンタイマー

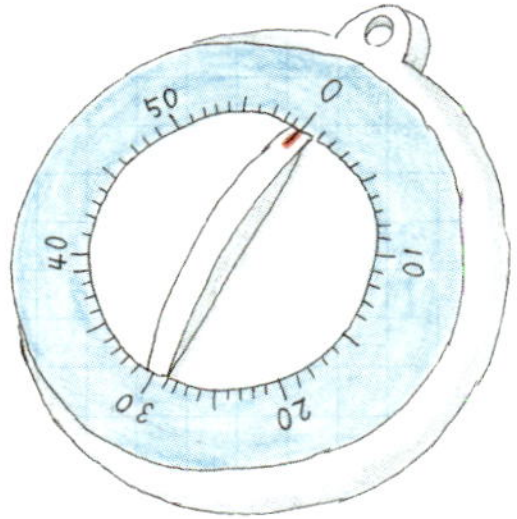

古い家

座敷

縁側

日本の伝統的な建物は、季節に合わせた工夫がされていて、季節に合わせた暮らし方ができるところが気に入っています。

季節や気候に逆らわず、共存することが、少ないエネルギーで暮らすコツかもしれません。

賃貸暮らしをしていたころ、もし将来家を買うのなら中古の物件がいいと思っていました。それは、古いものが好きだからということもあるけれど、まだ使えるものを大切にしたいと思っていたから。

子どものころに、人のいなくなった建物が大きな機械で壊されるところをよく目にしました。少し前まで人が住んでいたのだから、まだ使えるはずなのに。古くなって傷んでいる部分もあるかもしれないけれど、傷んでいない部分もあったはず。なのに柱も、壁も、床も、窓も、丸ごと壊すことはないのにと思っていました。

そして、壊した後に残ったがれきの山を見て、１軒の家を壊すとこんなにたくさんのごみが出るんだと驚きました。何台もの大きなトラックが家の残骸を運んでいくのを見ていて、一度壊してしまったら、もう元には戻れないんだと、悲しい気持ちになったものでした。

今住んでいる家も４、５年空き家だったそうです。最初に見たときは傷みがひどくて、そのままではとても人が住めるような状態ではありませんでした。取り壊して新築を販売する可能性もあったようでしたが、「古い物件が出たら連絡をください」と不動産屋さんに頼んでおいたので、運良く壊されずに済んだのでした。

中古物件でも手入れして住めば、建物は長持ちします。一般的に一から家をつくるよりも少ない材料やエネルギーで済み、ごみも減り、かかる費用も少なくなります。購入する場合は、事前に大工さんに建物の状態を見てもらったり、修理にどのくらいお金がかかるのか、見積りを出してもらうと安心です。

時を経て住み継がれてきた古い家の価値が、もっと見直されればいいなと思います。

3 食べものを大切にする生活

食べものに関しては、産地の近いもの・季節のものを意識して選んでいます。
その方が、栽培や運搬のエネルギーが少なくて済むから。
使い切れる量だけを買い、捨てる部分を少なくすること。
干したり、漬けたり、煮詰めたりと、食材を上手に保存すること。
食べものを大切にすることは、環境にも、体にも、お財布にもやさしく、
安心安全な食生活につながると思っています。

調味料

我が家には冷蔵庫がありません。2011年の東日本大震災の後、被災地で必要としている人がいることを知り、寄付をしました。それから冷蔵庫のない生活をしています。

でも、いきなり冷蔵庫なしの生活をスタートしたわけではありません。長女が生まれたころ、近所の方から「子どものころは冷蔵庫なんてなかった」という話を聞きました。なくても生活ができるんだと、冷蔵庫のない暮らしに興味を持ったのがきっかけでした。

当時はどんなものを食べていたんだろう、買い物はどうしていたんだろう、と調べて実際に試していくうちに、常温で保存可能なものは意外とたくさんあることに気づきました。

例えば、野菜は洗ってあるものよりも泥つきのもの。カット野菜よりも丸ごと。乾物や干物。そして調味料は日本で昔から使われてきた塩、しょうゆ、みそ、みりん、酒、砂糖、油など。

常温で保存できる食材や調味料を中心に食事作りをしてみると、ご飯とみそ汁を基本とした日本の伝統的な献立が一番作りやすいということに気づきました。そして自然と、季節のものや産地が近いものばかりが食卓に並ぶようになりました。

冷蔵庫を使わなくなってから、調味料は傷みやすい食材を長持ちさせる役割もあることを実感しました。それから、ただ味つけのためだけではなく、天然の保存料としての意識が強くなりました。

食べものの工夫

ぬか漬け
梅干
らっきょうの
酢漬け
小松菜の
ごま和え
きんぴらごぼう
小魚の佃煮
5分つきご飯
高野豆腐と野菜の
具だくさん みそ汁
番茶

普段の食事は
ご飯と具だくさんの
みそ汁、漬物と野菜中心
のおかずです。

私が子どものころ、家にあった冷蔵庫は小型で、中に入れられる量は限られていました。冷凍室は氷を作るほかは、夏の暑い時期だけあんず棒のような氷菓子を凍らせる程度で、冷蔵室に入っていたものといえば前日の食材の残りと、牛乳とガラス瓶に入れた水出しの麦茶、マヨネーズやケチャップなどの調味料くらいでした。

夕方に買い物をした肉や魚、豆腐や野菜は一旦冷蔵庫へ入れますが、たいていその日の夜や翌朝に食べてしまいます。当時は、家の近くにたいていの個人商店が揃っていたので、買い物はほぼ毎日、すぐに必要な分だけ。冷蔵庫は、あくまで買ってきてから調理をするまでの一時保管場所という役割でした。

冷蔵庫の容量が小さければ、必然的に買いすぎを防げます。在庫の確認も楽になり、賞味期限を気にする心配も少なくなります。現在は容量の大きな冷蔵庫が主流ですが、小さいことのメリットも見逃せません。

切干大根の煮物

ひじきの煮物

煮豆

夏の食事

我が家の夏の食事。
ぬか漬けと夏野菜中心の
おかずが
並びます。

かぼちゃの
煮物
きゅうりと
わかめの
酢の物
きゅうりの
ぬか漬け、
梅干
ミニトマト
とうもろこし
ご飯
青じそ
具だくさん
みそ汁
（トマト、ナス、
いんげん、モロヘイヤ、
玉ねぎ、もやしなど）
麦茶

暑い時期のみそ汁は
刻んだトマトを入れる
のがお気に入りです。

夏の季節、一番怖いのが食中毒。冷蔵庫がないので、常温でもつもの以外は買い置きや作り置きもしません。買い物は、他の季節に比べるとどうしても少量ずつで回数も多めになります。漬物も温度が高いと発酵が進んでしまうので、浅漬けや即席漬けが中心です。夏野菜のぬか漬けや酢漬けをよく食べますが、酢漬け（ピクルス）も夏は２、３日で食べきれる量しか作りません。

料理はそのまま出せる生野菜の他、酢の物や炒め物など、あまり火を使わないものや加熱時間の短いものが多くなります。暑いときに体を温める必要はないので、長時間煮込むような料理はこの季節は作りません。

肉や乳製品も傷みやすいので夏の間は控えめに。魚は、干物や乾物類（煮干し、ちりめんじゃこ、するめなど）が中心です。お茶も緑茶や麦茶を水出しして、常温で飲んでいます。

傷みやすいものは買ってきてすぐに調理して食べてしまうので、冷蔵庫があったころよりも傷みを心配することは少なくなりました。冷蔵庫に頼らないことで、食中毒の心配は解消されました。

水出し緑茶
暑い時期は水出しの麦茶や緑茶を飲んでいます。

冬の食事

冬の食事は、ご飯とみそ汁、
白菜や大根の漬け物、根菜の煮物、
葉物野菜のおかずが多いです。

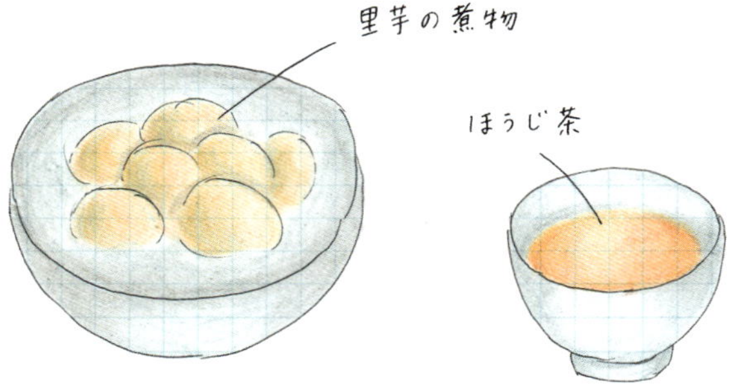
里芋の煮物
ほうじ茶

ほうれんそうの
しらす干しあえ
さつま芋
ご飯
白菜の漬物
梅干
具だくさんみそ汁
（大根、ごぼう、人参、生姜、
こんにゃく、豆腐、ネギなど）

冬の時期、我が家の台所の温度は常に1ケタ台。日が当たらないので温度はほとんど上がらず、日中でも外より寒いくらいです。

でも食事作りに関しては、とてもありがたい。なぜかというと、使える食材が増えるから。お店で売られている食品の表示を見ると、冷蔵品の保存方法には「冷蔵庫（10℃以下）で保存してください」と書いてあります。夏の間は保存できないので、冷蔵品はあまり手が出せません。けれども冬は台所が10℃以下になるので、冷蔵庫に入れるような感覚でそのまま台所に置いておけるのです。夏のようにすぐに調理しなくても、傷む心配はありません。

バターなどの乳製品やマヨネーズも、寒い時期のみ期間限定で使います。冬は1年のうちで使える素材が多く、作れる料理も増えるので、食生活に関して一番楽しい季節です。

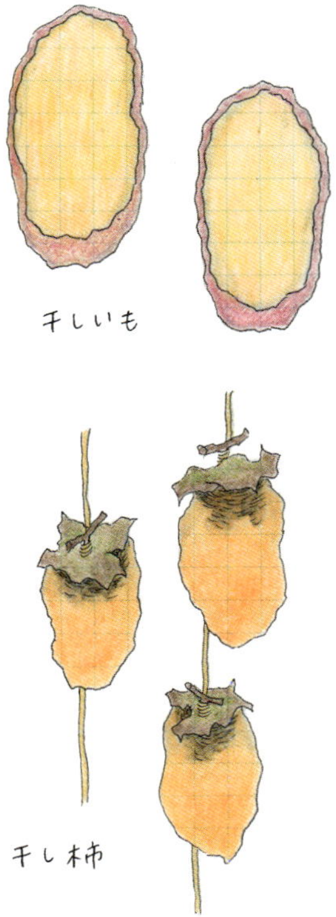
干しいも
干し柿
冬のおやつ

おやつ

ゆでとうもろこし

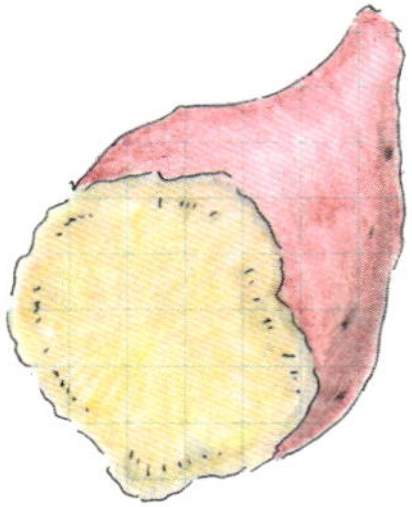

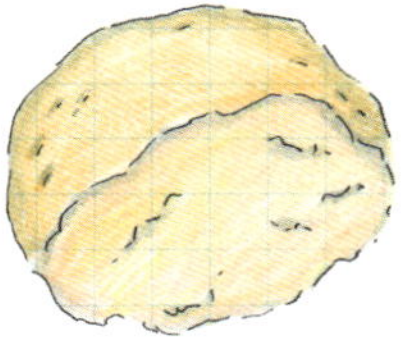

ふかしいも
(さつまいも、じゃがいも)

知り合いの お年寄りが
子どものころに食べて
いたというおやつ。
それにならって 我が家の
おやつもこういうものが
中心です。

焼きおにぎり

おかかおにぎり

ニラの平焼き

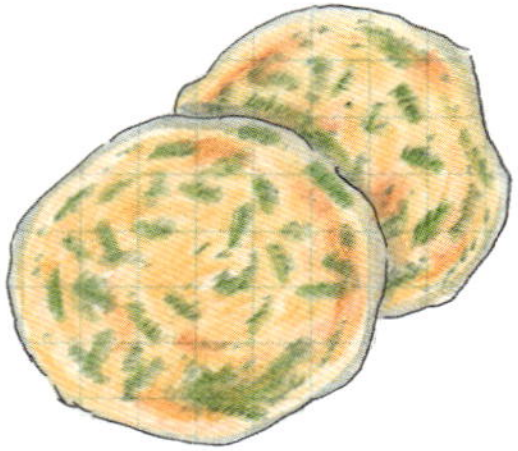

子どものおやつとしては、なるべくシンプルで安全なものを食べさせたい。おやつも市販のものより、材料が分かる手作りが好きです。

でも、レシピ本に載っているような手の込んだおやつは毎日作れそうもありません。昔はどんなおやつを食べていたんだろう。子どもが生まれたとき、ふとそんな疑問がわいて、いろいろな方から話を聞きました。すると、多くの人から「おやつといえばおいもくらいしかなかった」という答えが。話してくれた全員の方が、子どものころふかしたさつまいもやじゃがいもをおやつとして食べていました。

それはまさに、私の希望通りのおやつ。蒸したりゆでたりするだけで手間もかからないし、砂糖も添加物も使いません。それを聞いて、これでいいんだと気持ちが楽になったのを覚えています。

それから、我が家のおやつは芋や旬の野菜、果物、残りご飯のおにぎりといったものになりました。味付けも、塩や味噌、しょうゆなどで済みます。

「こんなおやつで子どもは食べてくれるの？」と聞かれることもありますが、これしかないから食べるのです。他に選択肢がなければ、お腹がすけばあるものをちゃんと食べます。子どもにとっても親にとってもベストなおやつだと思います。

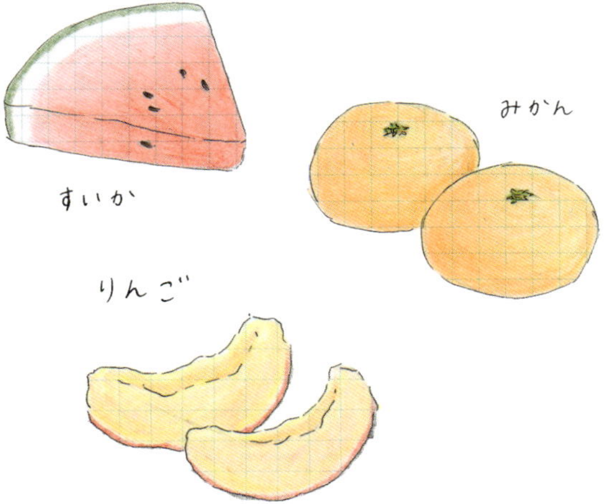

調理道具

おひつ

ご飯が炊きあがったら すぐに 移します。
木製で 湯気などの 水分を 吸うので
水っぽくならず、適度な 水分を 保ってくれるので、
冷めても おいしく 食べられます。

土鍋

重いけれど、その分 保温性が
高いので、ご飯を炊くときや
煮込み料理に 使っています。

台所でもなるべく少ない道具で間に合わせたいので、便利でも用途が限定されている専用の道具よりも、シンプルだけど何にでも使えるようなものが好きです。だからご飯は、炊飯器ではなく鍋や土鍋で炊いています。これならご飯を炊く以外にも、味噌汁でも煮物でも、何でも作れるからです。

温め直しも、電子レンジがなくても大丈夫。ご飯を一度にまとめて炊いたら、おひつで保存します。おひつに入れておけば、木が余分な水分を吸ってくれるので水っぽくならないし、乾燥してパサパサにもならない。冷めたご飯でも意外と美味しく食べられます。

残ったご飯は、おにぎりにしたりフライパンで炒めてチャーハンにしたっていい。蒸し器で温め直す方法だってあります。

便利な道具を増やすよりも１つのものを使い回す知恵を増やしていけば、ものは増えずに快適な生活になっていくはずです。

一人用の小型のおひつ

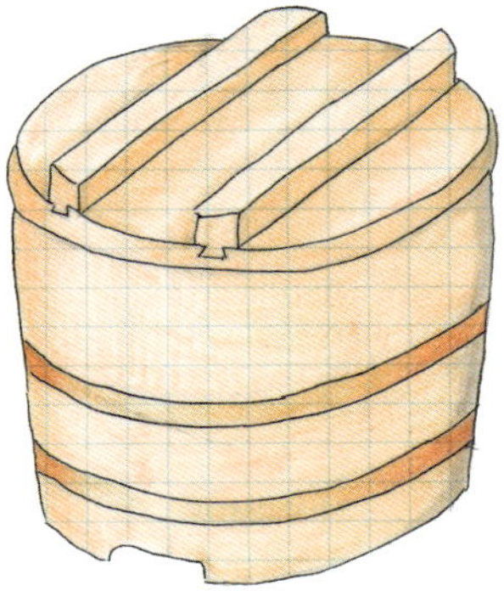

調理道具

我が家では、電子レンジの
代わりに、鍋やフライパン、
蒸し器を使って
食品を温めます。

他にも、フライパンは
オーブンの代わりに、
鍋は炊飯器の代わりに
なります。

上段をはずせば鍋にもなり、
量が多ければ、2段、3段と
重ねられます。

ステンレスの蒸し器

普段、ケーキやパンをほとんど作ることのない我が家ですが、家族の誕生日やクリスマスなどの特別な日にはケーキを作ります。

我が家にはオーブンはありません。だからケーキの場合も、家にある調理道具で作ります。使うのは、底が深めのフライパン。これに蓋を乗せれば、オーブンの代わりになります。

材料を混ぜて生地を作ったら、直火にかけて焼きます。フライパンに生地がつかないよう、底に薄く油を引いておきます。本のレシピを参考にしますが、家にない材料や道具はあるもので代用したり、焼き時間も生地の様子を見ながら加減します。

パンも同様です。パンは、冬の酒粕が手に入る時期だけ酒粕酵母をおこして焼きます。なぜこの時期だけかというと、気温が低いため発酵がゆっくりと進むので失敗が少ないことと、温度管理がしやすいから。酵母を発酵させるときは、日当たりのよい暖かい部屋に置いたり、パン生地を発酵させるときは、こたつの中やフライパンを温めた余熱で行います。

普段のおやつが素朴なぶん、いつもと違うおやつが出たときは、子どもたちは目を輝かせて喜びます。そんなに豪華なものではなくてもいいんです。普段と特別な日のメリハリがある方が、楽しみや感動は大きくなります。

フライパン

保存容器

作った保存食や調味料は、かめやびんなど
気密性の高い容器に入れて 日の当たらない
涼しい場所に置いて保存します。

冷蔵庫のない我が家にとって、どんな保存容器を使うかはとても重要なこと。容器によって保存の状態も変わるからです。

例えば味噌を作るときも、陶器とホーロー製の容器に半分ずつ分けて仕込むと半年後、中身の発酵の進み具合が違うことがわかります。

私が選ぶ条件は、丈夫で長く使えること。それから中身の種類を選ばず、長期保存をする場合も塩分などで腐食したり劣化しないこと。そうして選んだものが、陶製のかめ、ホーローの寸胴鍋、ガラス瓶です。

陶器は厚みがあって外気温の影響を受けにくい素材なので、なるべく温度変化を少なくしたい漬物や味噌、塩こうじなど調味料を入れています。

ガラス瓶は、乾物やふりかけなど少量ずつ保存したいときに。食品が入っていた瓶をとっておくと、大小様々な大きさの瓶が揃います。瓶ごと人にあげることもできるので便利です。

ホーローの寸胴鍋は、軽くて扱いやすく手入れも楽なので、どんなものにも使えます。味噌やたくあん、白菜の塩漬け、梅干しなど多めに作るときによく使います。もちろんそのまま火にもかけられるので、鍋として使うことも。

容器選びも、食品を良い状態で保存させるためには重要だと思っています。

ホーロー容器

かつお節削り器

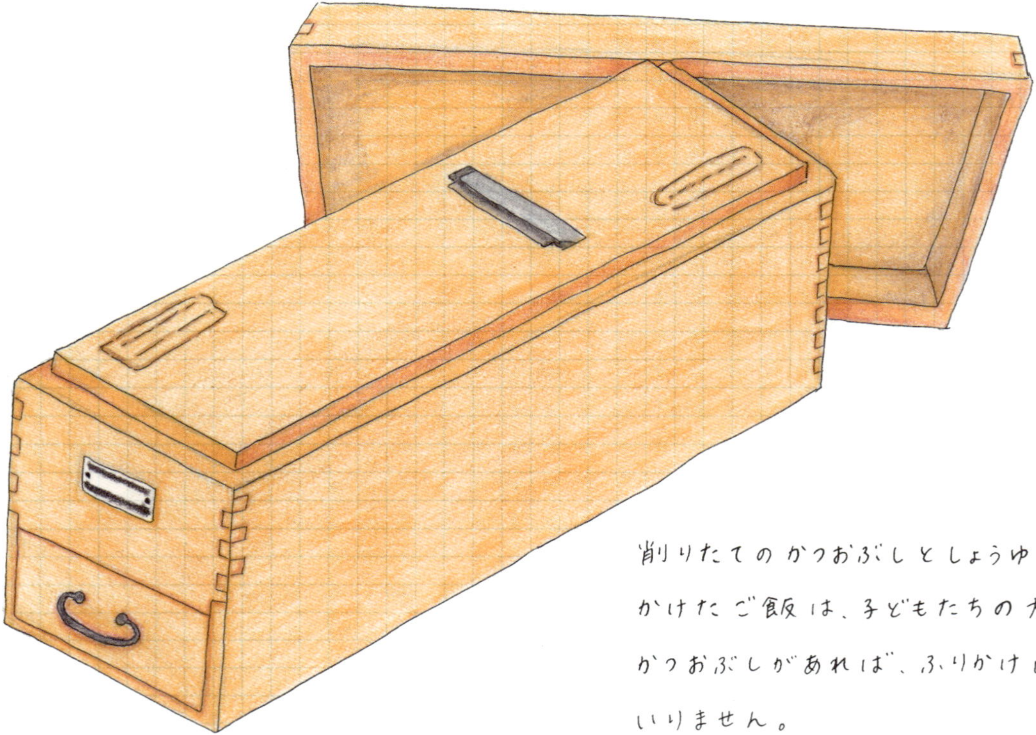

削りたてのかつおぶしとしょうゆを
かけたご飯は、子どもたちの大好物。
かつおぶしがあれば、ふりかけは
いりません。

母親が花嫁道具として持ってきた、かつお節削り器。私が子どものころは、近所にかつお節屋さんがあって、いつもかたまりのかつお節を買っていました。子どもでも削ることができるので、私も時々手伝いをしていました。その後、近所にスーパーができてかつお節屋さんがなくなると、削り器の出番はなくなりました。

今、そのかつお節削り器を譲り受け、使っています。削るのが面倒と思うかもしれませんが、子どもでもできるほどなので難しくはないし、削るだけなのでたいした手間でもありません。

かたまりは多少高価ですが、長く使えます。パックされた削り節は、削ったり袋詰めする手間賃が含まれているので、同じ材料なら自分で削った方が絶対に安い。袋のごみも少なくなるし、何よりも味や香りは使う直前に削ったものの方がずっと上です。

品質の良いかつお節をなるべく安く使いたければ、自分で削るのが一番です。削り器が高くて二の足を踏む人もいるでしょうけれど、普段よくかつお節を使うならば削り器を買っても損はないはずです。長い目で見れば、こちらの方がはるかに経済的です。

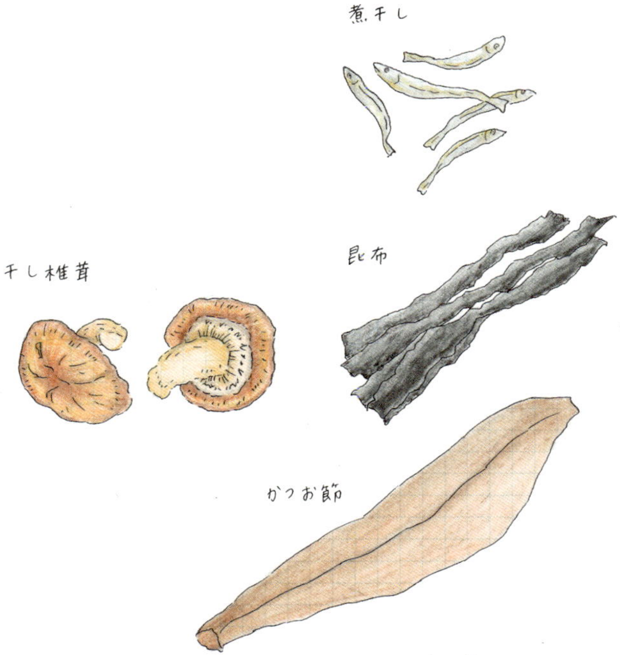
煮干し
干し椎茸
昆布
かつお節
だしに使う乾物

蠅《はい》帳《ちょう》

子どものおやつや、夫の夕食の
一時保存に活躍して
います。

棚型のものと
パラソル状の
ものがあります。

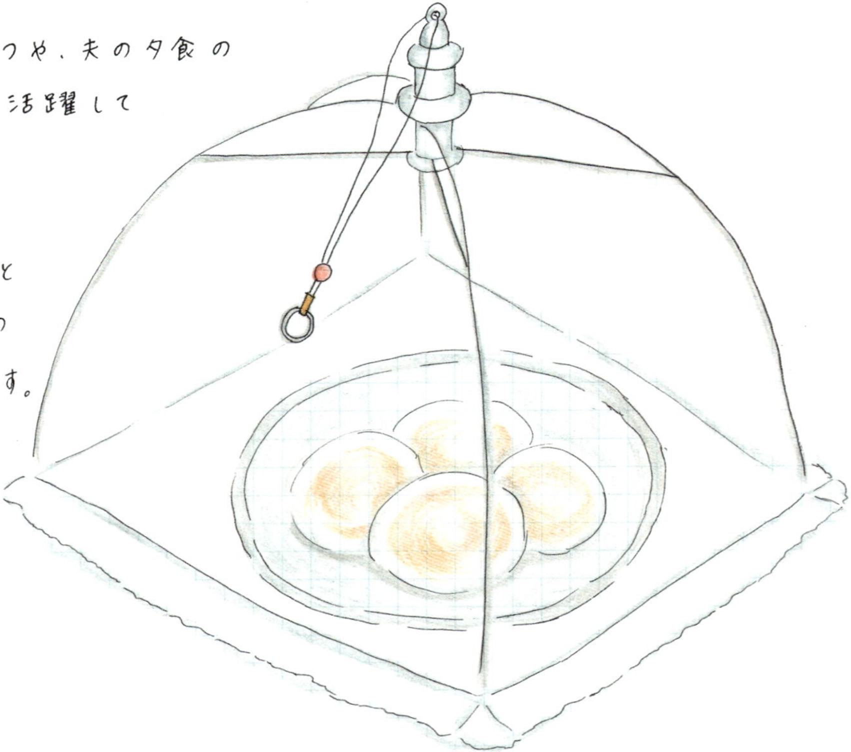

子どもたちは、小さいころからずっと19時前後に寝かせています。そのため夕食は17～18時ごろ。大人は、子どもたちが寝た後に夕食をとります。夕食は、子どもが食べるときに一度にまとめて作ってしまい、大人の分は温め直すくらいですぐに食べられるようにしておきます。そのときの一時保存に、折りたたみ式の蠅帳が活躍します。子どもが帰ってきてすぐにおやつを食べたり、夫が帰ってきたらすぐに夕食が始められるように、食べものを蠅帳で覆っておきます。虫除けやほこりよけになるので、ラップもいりません。

我が家には大きさの違うパラソル型の蠅帳がいくつかあります。使わないときは傘のようにたためて小さくなり、壁にかけておけるので邪魔にならず、必要なときにすぐ使えます。

蠅帳を通して見ると、中のものがおいしそうに映るから不思議です。開けるときのわくわく感が味わえるのも、魅力の1つだと思います。

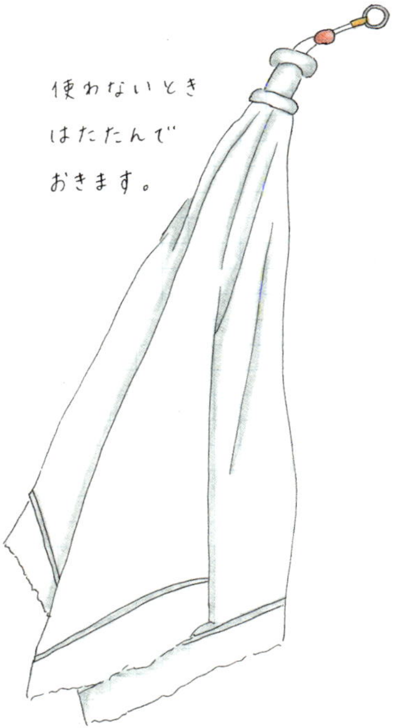

ウコッケイ

ウコッケイを住宅地で飼う工夫

① メスだけを飼う

（オスは夜明けに鳴く習性があるので）

② 夜や外出時は室内のゲージに入れる

③ 砂浴びのスペースを作る

我が家では、２羽のメスのウコッケイ（ニワトリの一種）を飼っています。住宅地でニワトリを飼うのに、大きな障害になるのが野良猫です。

春と秋の季節の変わり目は、どこからともなく赤ちゃんの泣き声のような声が聞こえ始めます。それは、繁殖期の猫のサイン。いつもより活動範囲が広がるようで、しばらくの間、我が家の塀や屋根にもたびたび現れるのです。

私は猫も好きですが、ウコッケイを飼っているので野良猫の訪問はあまり歓迎できません。ウコッケイには特に興味を示さずに素通りする猫もいますが、中には庭に降りて狙いにくるものも。最初の年は、手足の太いトラ猫がちょっかいを出しにきました。翌年以降は現れなくなったと思ったら、代わりに昨年から見かけるようになったのが、手ぬぐいをかぶった泥棒のような模様の黒猫。これが、何度も何度もしつこく狙いにやってくるのです。

いつも静かなウコッケイが「コッコッコッ…」と低い声で鳴き始めると、危険のサイン。たいてい塀や屋根のどこかに黒猫の姿があります。私が庭に出るとすぐに逃げていくので特に被害はありませんが、外出をするときや夜間は必ず室内の犬用のゲージの中に入れます。

たまに用事で出かけたりして、１日中庭に出られない日は、ウコッケイたちは運動できなくて不満そう。そういうこともあって、ウコッケイを飼ってからは休日も１日家を空けることが少なくなり、家で過ごす時間が増えました。

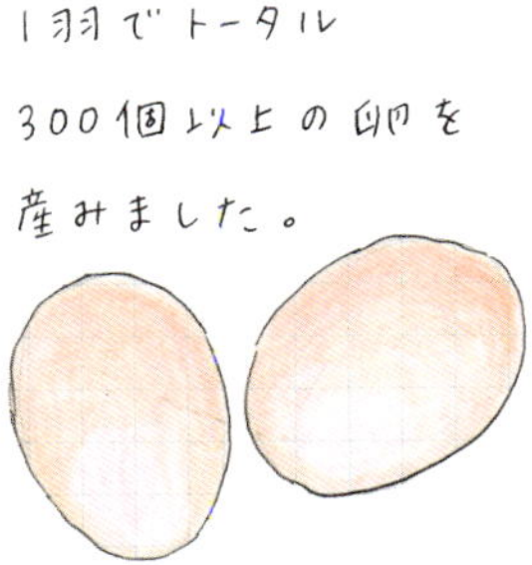
1羽でトータル
300個以上の卵を
産みました。

プランター菜園

しそ（赤じそ、青じそ）

ニラ

庭先で栽培している野菜。
スペースに限りがあるので、
場所をとらずによく育つものや、
短期間で育って、収穫期間の
長いものを選んでいます。

モロヘイヤ

ワケギ
アサツキ

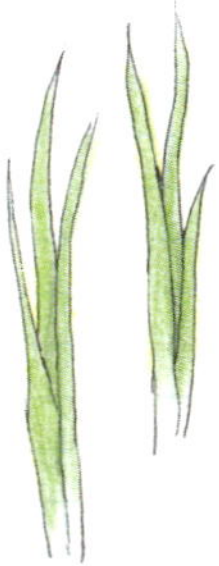

アパートで一人暮らしをしていたころからずっと、ベランダや小さな庭にプランターを置いて、野菜を作っていました。今の家に移ってから、数年間は近くの畑を借りて野菜作りをしていましたが、一昨年の冬にそこが宅地となったので返却し、今は再び庭でプランター菜園をしています。

畑や広い庭がないと充分な収穫は望めないと思われがちですが、やろうと思えばプランターでも意外とできます。畑のように何でも作れるわけではないけれど、小さなスペースに適したものを選べばいいのです。

我が家も今は、大きなものや比較的保存のきく芋類や玉ねぎ、根菜類はお店で買いますが、少量ずつ使うもの、収穫後あまり日もちのしない葉物類などを厳選して、限られたスペースで栽培しています。

毎日少しずつ摘みたてが使えるうえ、何日か買い物に行けないときも便利です。少しずつ使いたい野菜を食卓に登場させられるのも、プランター菜園の魅力です。

ベビーリーフ

スプラウト

室内で種と水だけで育ちます。

生ごみ堆肥

生ごみを堆肥にする方法を色々試してきましたが、庭の土の一部をレンガで囲っただけのやり方に落ち着きました。

夜や雨のときはビニールシートをかぶせておきます。

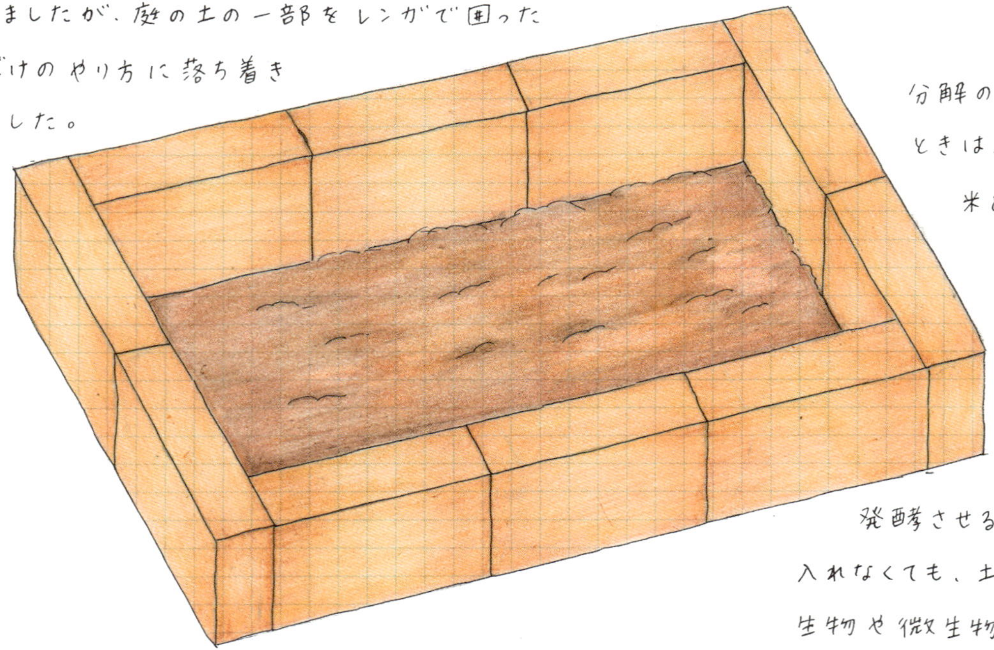

分解のスピードが遅いときは、生ごみと一緒に米ぬかを入れます。

発酵させるための材料を入れなくても、土の中にいる土壌生物や微生物が生ごみを分解してくれます。

アパート暮らしでプランター菜園をしていたころ、段ボールで生ごみを分解する方法があることを知りました。生ごみを土に還すことには前から興味がありましたが、これなら畑や庭がなくてもできる！と早速やってみることにしました。すると、生ごみが分解できるだけでなく、分解した後の栄養たっぷりの土は野菜の肥料に、野菜を作った後に残った土は、生ごみと一緒に混ぜてしまえば再生して繰り返し使えることがわかりました。

家庭菜園と生ごみ堆肥作りの両方を行うことで、ごみが資源に変わり、その栄養で野菜も作れるという好循環が生まれました。

調べてみると、家庭での生ごみの分解法は他にもいろいろあることを知りました。その後、EM菌、コンポスター、竹の粉末といろいろ試し、現在は庭の一角をレンガで囲んだ場所で生ごみを土に還すやり方に落ち着きました。

土の中に生ごみを混ぜ込んでおくと、土の中の微生物やミミズが自然に集まってきて生ごみを分解してくれます。その土が肥料になり、育った植物が実をつけ、生ごみを食べたミミズをウコッケイが食べて、そのウコッケイが産んだ卵を人間が食べる。生ごみが巡り巡って自分に還ってくることを体験すると、汚いものでも邪魔なものでもなく大切な資源であることが実感できました。

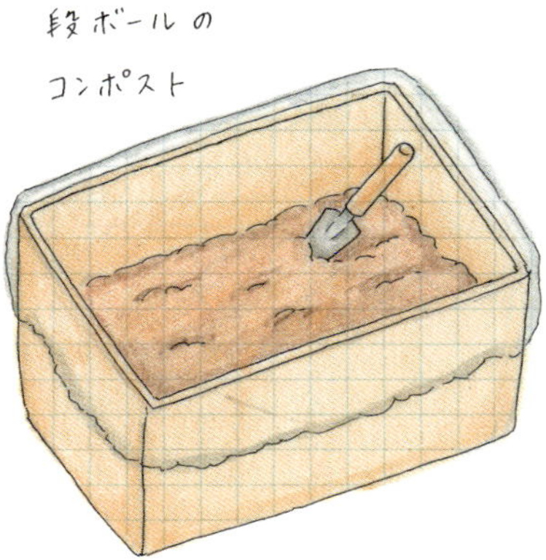

野菜の皮を利用する

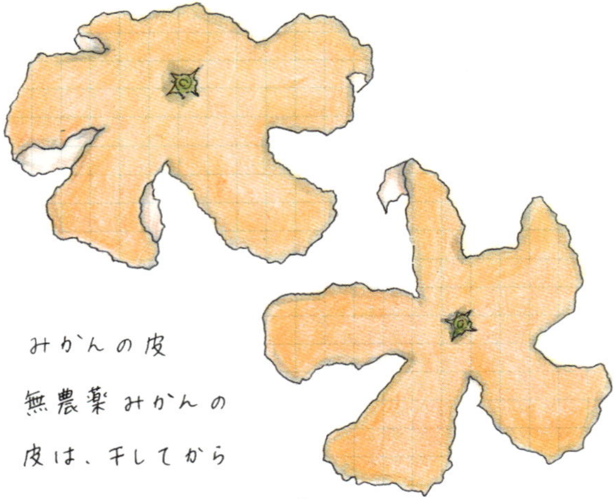

みかんの皮
無農薬みかんの
皮は、干してから
細かくして ふりかけや
薬味にもします。

とうもろこしの皮
子ども用の小さめの
おにぎりを包んだり、
料理の敷きもの
にもします。

生ごみで堆肥作りをしていても、一度に大量に出るものや分解しにくい生ごみは、注意が必要。一度に分解できる容量を超えてしまうと、分解されずにいつまでも残ってしまったり、失敗の原因になることもあります。

毎年私が頭を悩ませるものの一つに、とうもろこしの皮がありました。夏になるとよくとうもろこしを食べるので、たくさんの皮が出るうえ、繊維が硬くてなかなか分解されません。何か良い方法はないものかと、知り合いの80代の方に聞いてみると、思わぬ解決策が見つかりました。

その方は、戦後のものがなかったころ、干したとうもろこしの皮を裂いてヒモ代わりに使ったそうです。繊維が硬いから丈夫で簡単には切れない。その性質を利用してヒモに使えると考えたそうで、つなぎ合わせて荷造りヒモにもしたそうです。

私も、早速試してみました。家庭菜園の野菜の茎を支柱に結ぶヒモ代わりに使ってみたところ、これがちょうどいい。干して乾燥させておけば何年ももちます。水で少し湿らせれば、柔らかくなって扱いやすくなります。

こうした発想は、今のような何でもある環境では、なかなか思いつきません。ものがないことで生まれるものも、あるのだなと感じました。

おわりに

　こういう暮らしをしていると、「子どもが小さいからできるのよ」と言われたり、「子どもが大きくなったらどうするの？」と心配されたりします。

　私も、正直言って先のことは経験してみないとわかりません。子どもが大きくなるにつれて、今のやり方は通用しなくなるかもしれないし、新たな課題が出てくるかもしれません。でも、それをどうやって乗り越えていくかという工夫のしがいもあると思うのです。

　もともと職場で知り合った夫とは、性格も趣味もまったく違います。夫は、エコや昔の暮らしにもあまり関心はありません。でも、一緒に暮らしてから自分の考えを伝えたり、話し合ったりしながら、少しずつお互いが納得できるやり方を探っていきました。そうして、一つひとつ課題をクリアしてきた結果、今の生活があるのです。これから出てくることに対しても、こうしてひとつずつ乗り越えていけたらと思います。

やりたいことがあっても、「子どもが小さいから…」「家族が協力してくれないから…」「今は無理…」などと諦めてしまう人は多い気がします。私は、何もしないで諦めてしまうのはもったいないと思います。どうすればできるか、どこまでならできるか、といつも考えるようにしています。実際に行動してみると、世間の常識が正しいとは限らなかったり、自分の思い込みだったということもよくあります。

誰でも簡単にできてしまうことよりも、少しくらい難しいと思うことに挑戦する方がやりがいもあるし、自分も成長できると思うのです。今いる環境でどこまでできるか、子どもの成長とともにどうやって折り合いをつけていくか、挑戦していきたいと思います。

一主婦の暮らし方から、こんな生活もできるんだと知ってもらえたり、世間が「こうあるべき」と信じ込んでいる常識を、少しでも考えるきっかけになればうれしいです。

2013年12月　アズマカナコ

アズマカナコ　省エネ生活研究家

1979年生まれ。東京農業大学卒。
東京郊外の住宅地で、ひと昔前の暮らしを取り入れながら、
エネルギーや環境負荷の少ない暮らしを追求している。
車、エアコン、冷蔵庫、洗濯機、携帯電話などを持たず、
ひと月の電気代は500円程度。
著書：「布おむつで育ててみよう」（文芸社）、
「捨てない贅沢」「台所コスメ」（けやき出版）、
「かんたん手づくりマスク」（小学館）、「節電母さん」（集英社）、
「電気代500円。贅沢な毎日」（阪急コミュニケーションズ）
ブログ：エコを意識しながら丁寧に暮らす
http://blog.goo.ne.jp/nozo-kana

昭和がお手本 衣食住

―捨てない贅沢3

2014年2月1日　第1刷発行

著者　アズマカナコ

発行者　清水定
発行所　株式会社けやき出版
〒190-0023
東京都立川市柴崎町3-9-6
TEL042-525-9909
FAX042-524-7736
http://www.keyaki-s.co.jp

イラスト・写真　アズマカナコ
デザイン・DTP　ササキサキコ
印刷所　株式会社サンニチ印刷

ISBN　978-4-87751-510-2　C0077